◎ 主　编　黄玉峰

◎ 副主编　田澍兴

◎ 编　著　田澍兴

第十四册

新编中华文化基础教材

中华书局

图书在版编目（CIP）数据

新编中华文化基础教材 . 第十四册／黄玉峰主编；田澍兴
编著 . —北京：中华书局，2018.3

ISBN 978-7-101-12943-4

Ⅰ. 新…　Ⅱ. ①黄…②田…　Ⅲ. 中华文化—初中—教材

Ⅳ. ①634.301

中国版本图书馆 CIP 数据核字（2017）第 290126 号

书　　　名	新编中华文化基础教材（第十四册）
主　　　编	黄玉峰
副 主 编	田澍兴
编　　　著	田澍兴
责任编辑	祝安顺　熊瑞敏
出版发行	中华书局
	（北京市丰台区太平桥西里 38 号 100073）
	http://www.zhbc.com.cn
	E-mail:zhbc@zhbc.com.cn
印　　　刷	湖南天闻新华印务邵阳有限公司
版　　　次	2018 年 3 月北京第 1 版
	2018 年 3 月北京第 1 次印刷
规　　　格	开本／880×1230 毫米　1/16
	印张 $7\frac{1}{2}$　字数 100 千字
印　　　数	1-3000 册
国际书号	ISBN 978-7-101-12943-4
定　　　价	22.80 元

编 写 说 明

一、《新编中华文化基础教材》是响应中共中央办公厅、国务院办公厅《关于实施中华优秀传统文化传承发展工程的意见》及教育部《完善中华优秀传统文化教育指导纲要》指导精神组织编写的中华优秀传统文化教材，一至九年级十八册，高中学段六册，共二十四册。

二、本教材以"立德树人"为教学宗旨，以分学段有序推进中华优秀传统文化教育为目标，注重培育和提高学生对中华优秀传统文化的亲切感和感受力，增强学生对中华优秀传统文化的理解力和理性认识，坚定文化自信。

三、本册教材供七年级下学期使用，内容以中国古典文学作品为主。传统文化是一种具有生命力的生活方式、思维模式和审美范式，而古典文学则是通向传统文化的重要途径。在编写过程中，我们遵循以下三个原则：

1.兼容并包的原则。教材广泛选择各种思想流派和各种体裁的文学作品，体现中华文化多元一体、和而不同的文化品格。

2.择善而从的原则。教材的选篇均为古典文学的经典篇目，是优秀传统文化中的精粹。

3.注重审美的原则。教材选择以古典文学作为通向传统文化的途径，希望学生在古典文学的审美体验和熏陶中习得并认同传统文化。

四、本册教材包含五个单元，每单元分为四个部分：

1.单元导读。此部分对单元主题作简要介绍和概览，使学生明确单元学习内容；设置情境，引发疑问与兴趣，为学习作准备。

2.选文部分。此部分为单元学习的重心，包括原文与注释两部分。原文以权威版本为底本，注释方面遵循以通解为主、局部释义的原则，帮助学生理解。

3.文史知识。此部分聚焦本单元涉及的文史知识，展开较为详尽的介绍、阐发与拓展，让学生更系统地感知文史传统。

4.思考与练习。此部分为教材的练习系统，辅助学生在单元学习过程中及学习完成后，对自己的学习情况进行检验，并明确进一步学习的任务。

五、本教材之编辑力求严谨，编写过程中广泛征求各界意见，期能以较完备之面貌呈现；然疏漏之处在所难免，敬祈学界先进不吝指教。

编者

2017年2月

目录

第一单元　寄情市井的艺术
——元杂剧

第二单元　街头艺人的小说
——《三国演义》和《水浒传》

第三单元　以小见大的文章
——明代小品文

第一单元

寄情市井的艺术
——元杂剧

单元导读

　　《水浒全传》第一百十回有这样一件小事，李逵和燕青在上元节的时候去东京城内赏灯，当他们路过一个叫"桑家瓦"的地方时，李逵被勾栏里面传出的声响吸引，定要进去，于是他们就在人群里一起看表演。那天上演的恰好是"平话"（类似于今天的评书）"关云长刮骨疗毒"的故事，李逵听后不禁当场喝彩，惊动了观众，因而被燕青赶忙拉出勾栏去。

　　这个场面在整部"水浒"故事里可谓沧海一粟，但是却极为珍贵地为我们展现了宋元时期城市娱乐场所的情形。据此推想，"桑家瓦"大约是当时汴京北城一处集中的娱乐场所，而"勾栏"则是不同娱乐门类的单独表演场所，比如这个故事里的勾栏就供当时的"平话"表演使用，而"桑家瓦"里还可能存在其它表演门类的勾栏，其中大约就有"杂剧"。

　　如果身处元代，农闲期间的某一天你进城采购物品，恰好看见勾栏的门口贴着一张十分惹眼的"海报"，声称当红艺人忠都秀在此演出，此时门口的售票员大声催促"迟来的满了无处停坐"。想到久闻此人大名，今日不可错失良机，你便狠了狠心，花费二百钱入内。进门只见一个木制的高坡，上去后便是层层叠叠的座位，和今天的剧场差不多，从后排看去，下面的人聚作一团，好不热闹。抬头看舞台，像一座钟楼，而此时勾栏内正锣鼓喧天，进行着正式演出前的暖场表演——艳段。

　　这样的场景在十三世纪的中国北方也许司空见惯，但我们今天已经无从得知杂剧上演的具体情形了。所幸我们还能看到不少剧本，能够从中了解元杂剧的基本情况。这些剧本不但是当时勾栏表演的实用剧本，同时也是可供欣赏的文学作品。

元代是中国历史上又一个民族、文化大融合的时期。随着重新统一，南北文化得以通畅地交流；城市文化不断勃兴，俗文学伴随着市井娱乐开始取得一席之地；北方官话区的形成，又使传统词曲的音韵发生变化：种种因素促成了元杂剧的兴盛。尽管元杂剧的作者中不乏出任官职者，但元代士人具备一定的底层生存空间，得以寄生于城市经济，这就意味着他们可以摆脱长期控制文人的经典思想，参与被视为小道末技的戏曲创作。

　　一般来说，元杂剧按照时代，大体可以分为三个时期：第一，自蒙古统一北方至元代统一中国，这是元杂剧创作的鼎盛时期。我们熟知的元曲作家绝大多数是这一时期的，他们主要是北方人。第二，元世祖至元年间至元惠宗至元年间。该时期的创作人群以南方人或侨居南方的北方人为多。第三，至正时期，该期作者稀少，留存下来的剧目也屈指可数，属于凋零期。由于元杂剧最高成就在第一期，因此我们的选文全部选录这一时期的作品。①

① 王国维：《宋元戏曲考》，上海古籍出版社，1998，第73—74页。王国维主要依据的是《录鬼簿》对元曲作家的生平记载，因此今人提出不少修正意见，但大体不出此框架，故今仍然采取这种分期。

选文部分

《关大王独赴单刀会》第三折

关汉卿

> 荆州是战略要地，刘备夺取西蜀之后，孙权方面要求归还出借的荆州，荆州守将关羽的态度决定了刘备方面在荆州的利益。而关羽在明知鲁肃的宴会极有可能成为一场"鸿门宴"时，毅然决定赴会。本折唱词较少，宾白居多，极力渲染二人此会的紧张气氛，从中也可见关羽绝非贸然行事，而是早有准备。

〔正末①扮关公领关平、关兴、周仓上，云〕某②姓关，名羽，字云长。蒲州解良人也。见③随刘玄德，为其上将。自天下三分，形如鼎足：曹操占了中原，孙策占了江东，我哥哥玄德公占了西蜀。着④某镇守荆州，久镇无虞⑤。我想当初楚汉争锋，我汉皇⑥仁义用三杰，霸主⑦英雄凭一勇。三杰者，乃

---

①正末：指剧中的男主角。元杂剧中男角称"末"。　②某：自称，这里是男主角关羽的自称。　③见：同"现"，现在，眼下。　④着（zhuó）：派遣。　⑤无虞（yú）：没有忧患、问题。　⑥汉皇：指汉高祖刘邦。　⑦霸主：指西楚霸王项羽。

萧何、韩信、张良；一勇者，暗呜叱咤①，举鼎拔山。大小七十余战，逼霸主自刎乌江。后来高祖登基，传到如今，国步艰难，一至于此②！〔唱〕

【中吕粉蝶儿】那时节天下荒荒③，恰周、秦早属了刘、项，分君臣先到咸阳。一个力拔山，一个量容海，他两个一时④开创。想当日黄阁⑤乌江，一个用了三杰，一个诛了八将⑥。

【醉春风】一个短剑下一身亡，一个静鞭⑦三下响。祖宗传授与⑧儿孙，到今日享、享。献帝又无靠无依，董卓又不仁不义，吕布又一冲一撞。

〔云〕某想当日，俺弟兄三人，在桃园中结义，宰白马祭天，宰乌牛祭地，不求同日生，只愿同日死。〔唱〕

【十二月】那时节兄弟⑨在范阳，兄长⑩在楼桑，关某在蒲州解良，更有诸葛⑪在南阳；一时出英雄四方，结义了皇叔、关、张。

【尧民歌】一年三谒⑫卧龙冈，却又早鼎分三足汉家邦。俺哥哥称孤道寡世无双，我关某匹马单刀镇荆襄。长江，今经几战场，却正是后浪催前浪。

---

①暗（yīn）呜叱咤（chì zhà）：厉声喝骂。"暗呜"和"叱咤"都是怒喝的意思。　②一至于此：竟然到了这样的地步。　③荒荒：战争纷扰的样子。　④一时：同时。　⑤黄阁：汉代丞相、太尉的官署，这里指刘邦最终夺取天下。　⑥这句话的意思是：汉高祖懂得使用人才，而项羽却有勇无谋，只会杀伐。诛八将在这里是泛指。　⑦静鞭：一种皇家仪仗，以鞭声示意肃静，这里是暗指刘邦称帝。　⑧与：给。　⑨兄弟：指张飞。　⑩兄长：指刘备，下文的"皇叔"也指刘备。　⑪诸葛：指诸葛亮。　⑫谒（yè）：拜见。

〔云〕孩儿，门首觑①者，看甚么人来。〔关平云〕理会的。〔黄文上，云〕某乃黄文是也。将着这一封请书②，来到荆州，请关公赴会。早来到也。左右，报复③去：有江下鲁子敬④，差上将拖地胆黄文⑤，持请书在此。〔平云〕你则在这里者，等我报复去。〔平见正末，云〕报的父亲得知：今有江东鲁子敬，差⑥一员首将，持请书来见。〔正末云〕着⑦他过来。〔平云〕着你过去哩。〔黄文见科〕〔正末云〕兀⑧那厮甚么人？〔黄慌云〕小将黄文。江东鲁子敬，差我下请书在此。〔正末云〕你先回去，我随后便来也。〔黄文云〕我出的这门来。看了关公英雄一个神道相⑨。鲁子敬，我替你愁哩！小将是黄文，特来请关公。髯长一尺八，面如挣枣红⑩。青龙偃月刀，九九八十斤。脖子里着一下，那里寻黄文？来便吃筵席，不来豆腐酒⑪吃三钟。〔下〕〔正末云〕孩儿，鲁子敬请我赴单刀会，走一遭去。〔平云〕父亲，他那里筵无好会，则怕不中⑫么？〔正末云〕不妨事。〔唱〕

【石榴花】两朝相隔汉阳江，上写着道鲁肃请云长。安排筵宴不寻常，休想道画堂别是风光⑬。那里有凤凰杯满捧琼花酿，他安排着巴豆、砒霜⑭！玳筵⑮前摆列着英雄将，休想肯开宴出红妆。

【斗鹌鹑】安排下打凤牢龙⑯，准备着天罗地网；也不是待客筵席，则是个杀人、杀人的战场。若说那重意诚心更休想，全不怕后人讲。既然谨谨⑰相邀，我则索⑱亲身便往。

---

①觑（qù）：看。　②将（jiāng）：拿。请书：请帖。　③报复：报告，通报。　④鲁子敬：指鲁肃，子敬是他的字。　⑤拖地胆黄文：拖地胆是绰号，黄文是作者虚构的人物。　⑥差（chāi）：差遣，派遣。　⑦着（zhuó）：让。　⑧兀：发语词，无义。　⑨这句话的意思是：(我)看关公英雄气象，完全像一位神灵。兀，副词，完全。神道，神灵。　⑩这句话的意思是：(关公的)脸犹如蒸过或酒渍过的枣那样红而饱满。　⑪豆腐酒：本指丧宴，这里指不是来送死的。　⑫不中：不行。　⑬画堂别是风光：与下文"开宴出红妆"都是苏轼《满庭芳》中句，此处指鲁肃的宴席充满杀气。　⑭巴豆、砒霜：二者都是有毒的药材，此处指鲁肃的宴席充满杀气。　⑮玳（dài）筵：指奢华的酒宴。　⑯打凤牢龙：指设伏诱使对方进入。　⑰谨谨：指郑重其事。　⑱则索：必须，只能。

新编中华文化基础教材·第十四册

〔平云〕那鲁子敬是个足智多谋的人；他又兵多将广，人强马壮。则怕父亲去呵，落在他彀中①。〔正末唱〕

【上小楼】你道他"兵多将广，人强马壮"；大丈夫敢勇当先，一人拼命，万夫难当。〔平云〕许来大②江面，俺接应的人，可怎生接应？〔正末唱〕你道是隔着江，起战场，急难亲傍③；我着那厮鞠躬、鞠躬送我到船上。

〔平云〕你孩儿到那江东，旱路里摆着马军，水路里摆着战船，直杀一个血胡同④。我想来，先下手的为强。〔正末唱〕

【幺篇】你道是先下手强，后下手殃。我一只手揪住宝带，臂展猿猱，剑掣⑤秋霜。〔平云〕父亲，则怕他那里有埋伏。〔正末唱〕他那里暗暗的藏，我须索⑥紧紧的防。都是些狐朋狗党！〔云〕单刀会不去呵，〔唱〕小可⑦如千里独行，五关斩将。

〔云〕孩儿，量他到的那里？〔平云〕想父亲私出许昌一事，您孩儿不知，父亲慢慢说一遍。〔正末唱〕

【快活三】小可⑧如我携亲侄访冀王⑨，引阿嫂觅刘皇，灞陵桥上气昂昂，侧坐在雕鞍上。

【鲍老儿】俺也曾挝鼓三鼕⑩斩蔡阳，血溅在沙场上。刀挑征袍出许昌，险唬杀曹丞相。向单刀会上，对两班文武，小可如三月襄阳⑪。

〔平云〕父亲，他那里雄赳赳排着战场。〔正末唱〕

---

①彀（gòu）中：弓箭射程内，这里指圈套。彀，张满弓。　②许来大：这么大。　③亲傍：接近。　④血胡同：这里指杀出一条血路。　⑤剑掣（chè）：抽出。　⑥须索：必须。　⑦小可：这里是寻常、等闲的意思。　⑧小可：自谦的称呼。　⑨冀王：指袁绍。　⑩挝（zhuā）鼓三鼕（dōng）：击鼓三声。鼕，拟声词，击鼓之声。　⑪三月襄阳：蔡瑁曾在襄阳设宴欲暗害刘备，刘备骑马越过檀溪脱险，此事在三月。此处指自己此次也能全身而退。

【剔银灯】折莫①他雄赳赳排着战场，威凛凛兵屯虎帐，大将军智在孙、吴②上。马如龙，人似金刚；不是我十分强③，硬主张，但提起厮杀呵磨拳擦掌。

【蔓菁菜】他便有快对付能征将，排戈戟，列旗枪，对仗④，我是三国英雄汉云长，端的⑤是豪气有三千丈。

〔云〕孩儿，与我准备下船只，领周仓赴单刀会走一遭去。〔平云〕父亲去呵，小心在意者！〔正末唱〕

【尾声】须无那临潼会秦穆公⑥，又无那鸿门会楚霸王，折么⑦他满筵人列着先锋将，小可如百万军刺颜良⑧时那一场攘。〔下〕

〔周仓云〕关公赴单刀会，我也走一遭去。志气凌云贯九霄，周仓今日逞英豪。个个开弓并蹬⑨弩，人人贯甲与披袍。旌旗闪闪龙蛇动，恶战英雄胆气高。假饶⑩鲁肃千条计，怎胜关公这口刀！赴单刀会走一遭去也。〔下〕

〔关兴云〕哥哥，父亲赴单刀会去了，我和你接应一遭去。大小三军，跟着我接应父亲去。到那里古剌剌彩磨旌旗⑪，扑鼕鼕画鼓凯征鼙⑫，齐臻臻⑬枪刀如流水，密匝匝人似朔风⑭疾。直杀的苦淹淹⑮尸骸遍郊野，哭啼啼父子两分离。恁⑯时节喜孜孜鞭敲金镫响，笑吟吟齐和凯歌回。〔下〕

〔关平云〕父亲兄弟都去也，我随后接应走一遭去。大小三军，听吾将令：甲马不许驰骤，金鼓不许乱鸣，不许交头接耳，不许语笑喧哗；弓弩上弦，刀剑出鞘，人人敢勇，个个威风。我到那里：一刃刀，两刃剑，齐

---

①折莫：即"遮莫"，任凭，尽管。后面的《李逵负荆》中也有这样的用法。　②孙、吴：指孙武、吴起两位古代著名军事家。　③强（jiàng）：倔强。　④对仗：这里指两军交战。　⑤端的（dì）：确实。　⑥临潼会：传说秦穆公曾召十七诸侯携带宝物来临潼比试，输给楚国伍子胥，因而扣住十七国诸侯，伍子胥捉住穆公，迫使其重修旧好。这里是为突出临潼会上强势的秦穆公。　⑦折么：即"遮莫"，尽管。　⑧颜良：袁绍大将，后为关羽所杀。　⑨蹬（dēng）：踩踏。　⑩假饶：即使，纵然。　⑪刺刺（là là）：拟声词，旗帜招展的声音。下句"扑鼕鼕"是鼓声。彩磨：染色的。　⑫征鼙（pí）：出征时敲响的鼓。　⑬齐臻臻（zhēn zhēn）：整整齐齐的样子。　⑭朔风：北风。　⑮苦淹淹：凄惨的样子。　⑯恁（nèn）：这。

新编中华文化基础教材·第十四册

排雁翅^①；三股叉，四楞锏^②，耀日争光；五方旗^③，六沉枪^④，遮天映日；七^⑤稍弓，八楞棒，打碎天灵；九股索，红绵套，漫头便起；十分战，十分杀，显耀高强。俺这里雄兵浩浩渡长江，汉阳两岸列刀枪，水军不怕江心浪，旱军岂惧铁衣郎！关公杀入单刀会，显耀英雄战一场。匹马横枪诛鲁肃，胜如亲父刺颜良。大小三军，跟着我接应父亲走一遭去。〔下〕

《破幽梦孤雁汉宫秋》第二折（节选）

马致远^⑥

　　昭君出塞，本是她主动要求，但后人却据此敷衍出一套汉元帝与王昭君的爱情悲剧来。这一折里，先写元帝宠幸昭君至极，已经到了让人肉麻的地步；接着急转直下，写匈奴索要昭君和亲，群臣无策，皇帝气恼叹恨，无可奈何，最终只好妥协。身为君主，可恨无法挽留深爱的女子，此中的遗憾恐怕是常人难以体会的吧。

　　〔旦引宫女上，云〕妾身王嫱，自前日蒙恩临幸，不觉又旬月。主上昵爱^⑦过甚，久不设朝。闻的升殿去了，我且向妆台边梳妆一会，收拾齐整，只怕驾来好伏侍^⑧。〔做对镜科〕〔驾上，云〕自从西宫阁下，得见了王昭君，使朕如痴似醉，久不临朝。今日方才升殿，等不的散了，只索^⑨再到西宫看一看去。〔唱〕

---

①这句话的意思是：像大雁的翅膀一样排列整齐。　②锏（jiǎn）：一种似鞭的四棱兵器。　③五方旗：指示东南西北中五处方位的令旗。　④六沉枪：杆为深绿色的枪。六，通"绿"，绿色的。　⑤七：通"漆"，上漆的。这里为凑从一到十的唱词而作此假借。　⑥马致远：大约生活于1250—1321年间，元曲四大家之一。元代大都人，号"东篱老"。今存杂剧七种。　⑦昵（nì）爱：亲近。　⑧伏侍：伺候。　⑨索：一定要。

【南吕一枝花】四时雨露匀，万里江山秀。忠臣皆有用，高枕已无忧。守着那皓齿星眸，争①忍的虚白昼。近新来染得些证候②，一半儿为国忧民，一半儿愁花病酒。

【梁州第七】我虽是见宰相，似文王施礼；一头地③离明妃，早宋玉悲秋④。怎禁他带天香着莫⑤定龙衣袖！他诸余⑥可爱，所事儿⑦相投；消磨人幽闷，陪伴我闲游；偏宜向梨花月底登楼，芙蓉烛下藏阄⑧。体态是二十年挑剔⑨就的温柔，姻缘是五百载该拨⑩下的配偶，脸儿有一千般说不尽的风流。寡人乞求⑪他左右，他比那落伽山观自在无杨柳⑫，见一面得长寿。情系人心早晚休，则除是雨歇云收⑬。

〔做望见科，云〕且不要惊着他，待朕悄地看咱。〔唱〕

【隔尾】恁的⑭般长门前抱怨的宫娥旧，怎知我西宫下偏心儿梦境熟。爱他晚妆罢，描不成画不就，尚对菱花⑮自羞。〔做到旦背后

①争：即"怎"。　②证候：病症，病状。　③一头地：一旦。　④宋玉悲秋：宋玉《九辨》："悲哉！秋之为气也。"　⑤着莫：沾惹。　⑥诸余：诸般，都。　⑦所事儿：每件事。　⑧藏阄（jiū）：一种游戏，将物品藏在手中，猜中者胜。　⑨挑剔：雕琢而成。　⑩该拨：注定。　⑪乞求：愿意。　⑫这句话的意思是：她就好像那落伽山观音菩萨那样美。　⑬这两句话的意思是：相思之情，牵动人心，不知何时方能停歇，想来惟有两人相见欢会之后。早晚，"多早晚"的省略，什么时候。则除，惟有。雨歇云收，男女欢会结束的隐语，典出宋玉《高唐赋》《神女赋》。　⑭恁的：如此。　⑮菱花：这里指饰有菱花的镜子。

看科〕〔唱〕我来到这妆台背后，元来广寒殿嫦娥，在这月明里有。

〔旦做见接驾科〕〔外①扮尚书，丑②扮常侍上，诗云〕调和鼎鼐③理阴阳，秉轴持钧④政事堂，只会中书陪伴食⑤，何曾一日为君王。某尚书令五鹿充宗⑥是也。这个是内常侍石显⑦。今日朝罢，有番国遣使来索王嫱和番，不免奏驾。来到西宫阁下，只索进去。〔做见科，云〕奏的我主得知：如今北番呼韩单于差一使臣前来，说毛延寿⑧将美人图献与他，索要昭君娘娘和番，以息刀兵；不然，他大势南侵，江山不可保矣！〔驾云〕我养军千日，用军一时。空有满朝文武，那⑨一个与我退的番兵！都是些畏刀避箭的，恁⑩不去出力，怎生教娘娘和番？〔唱〕

【牧羊关】兴废从来有，干戈不肯休。可不⑪食君禄，命悬君口⑫。太平时、卖你宰相功劳，有事处、把俺佳人递流⑬。你们干请⑭了皇家俸，着甚⑮的分破帝王忧？那壁厢锁树⑯的怕弯着手，这壁厢攀栏⑰的怕颠⑱破了头。

〔尚书云〕他外国说陛下宠昵王嫱，朝纲尽废，坏了国家。若不与他，兴兵吊伐⑲。臣想纣王只为宠妲己，国破身亡，是其鉴也。〔驾唱〕

【贺新郎】俺又不曾彻青霄，高盖起摘星楼⑳。不说他伊尹扶

---

①外：此处是"外末"的省略，指次要的男角。　②丑：元杂剧中角色名，在剧中可以扮演男、女角色。　③调和鼎鼐（nài）：指治理国家犹如调和鼎中食物一般，典出《史记·殷本纪》伊尹语。鼐，大鼎。　④秉轴持钧：掌握国家大权。轴、钧都是制陶器具中重要的部分，这里借指国家权力中枢。⑤这句话的意思是：我只是每日陪伴君王进餐而已。唐代卢怀慎与姚崇一同担任宰相，卢懒于政事，被称为"伴食宰相"。　⑥五鹿充宗：复姓五鹿，西汉元帝时人，官至少府。　⑦石显：西汉元帝时宦官，官至中书令。　⑧毛延寿：宫廷画师。剧中说他向匈奴方面透露了昭君的容貌，是本剧中吃里扒外的奸臣的代表。　⑨那：即"哪"。　⑩恁：即"您"。　⑪可不：难道不。　⑫命悬君口：一本作"命悬君手"。　⑬递流：流放犯人，这里指让昭君千里迢迢去和亲。　⑭干请（qīng）：这里是白白领受俸禄的意思。　⑮着甚：凭什么。　⑯锁树：前赵陈元达劝刘聪不要修建一座楼阁，刘聪要处死他，他把自己锁在树上，不让被拉走。　⑰攀栏：汉代朱云上书触怒汉成帝，下令处死他，他抓住大殿的栏杆大呼不走，经旁人劝解才免死。以上二事此处都指大臣临危退缩。　⑱颠（diān）：摔。　⑲吊伐：讨伐有罪君王，抚恤其百姓。典出《孟子·梁惠王下》。　⑳摘星楼：传说商纣王为妲己所建的高楼。

汤，则说那武王伐纣。有一朝身到黄泉后，若和他留侯、留侯厮遘①，你可也羞那不羞？您卧重裀②，食列鼎③，乘肥马，衣轻裘。您须见舞春风嫩柳宫腰瘦，怎下的教他"环佩影摇青冢月，琵琶声断黑江秋"④！

〔尚书云〕陛下，咱这里兵甲不利，又无猛将与他相持，倘或疏失，如之奈何？望陛下割恩与他，以救一国生灵之命。〔驾唱〕

【斗虾蟆】当日个谁展英雄手，能枭项羽头，把江山属俺炎刘？——全亏韩元帅⑤九里山前战斗，十大功劳成就。恁也丹墀里头，枉被金章紫绶；恁也朱门里头，都宠着歌衫舞袖。恐怕边关透漏⑥，殃及家人奔骤。似箭穿着雁口，没个人敢咳嗽⑦。吾当僝僽⑧，他也、他也红妆年幼，无人搭救。昭君共你每⑨有什么杀父母冤仇？休、休，少不的满朝中都做了毛延寿！我呵，空掌着文武三千队，中原四百州；只待要割鸿沟，陡恁的⑩千军易得，一将难求⑪！

〔常侍云〕见今番使朝外等宣。〔驾云〕罢罢罢！教番使临朝来。〔番使入见科，云〕呼韩耶单于差臣南来奏大汉皇帝：北国与南朝自来结亲和好；曾两次差人求公主不与。今有毛延寿，将一美人图献与俺单于。特差臣来，单索昭君为阏氏⑫，以息两国刀兵。陛下若不从，俺有百万雄兵，刻日南侵，以决胜负，伏望圣鉴不错。〔驾云〕且教使臣馆驿中安歇去。〔番使下〕〔驾云〕您众文武商量，有策献来，可退番兵，免教昭君和番。大抵是欺娘娘软善，

---

①留侯：指张良。厮遘（gòu）：相遇。　②重裀（chóng yīn）：指双层的软坐席或卧席。　③食列鼎：指饮食丰盛。　④下的：忍心。"环佩"两句诗出自金代王元朗《明妃》诗。　⑤韩元帅：即韩信。　⑥透漏：这里指边关被击破。　⑦这几句的意思是：这些大臣平日享受荣华富贵，关键时候却只顾及自己的利益，不肯为国出力。　⑧僝僽（chán zhòu）：忧愁、烦恼。　⑨你每：即"你们"，元曲中"们"往往作"每"。　⑩陡恁的：简直是。　⑪这几句说：可叹自己虽然贵为皇帝，但无人可用，致使需要仿效当年刘邦与项羽媾和，而让昭君和亲。　⑫阏氏（yān zhī）：匈奴对正妻的称号。

若当时吕后在日，一言之出，谁敢违拗！若如此，久已后也不用文武，只凭佳人平定天下便了！〔唱〕

【哭皇天】你有甚事疾忙奏，俺无那鼎镬①边滚热油。我道您文臣安社稷，武将定戈矛。您只会文武班头②，山呼万岁，舞蹈扬尘，道那声诚惶顿首。如今阳关路上，昭君出塞；当日未央宫里，女主垂旒③。文武每，我不信你敢差排④吕太后。枉以后，龙争虎斗，都是俺鸾交凤友⑤。

〔旦云〕妾既蒙陛下厚恩，当效一死，以报陛下。妾情愿和番，得息刀兵，亦可留名青史。但妾与陛下闹房之情，怎生抛舍也！〔驾云〕我可知⑥舍不的卿哩！〔尚书云〕陛下割恩断爱，以社稷为念，早早发送娘娘去罢。

〔驾唱〕

【乌夜啼】今日嫁单于，宰相休生受⑦，早则⑧俺汉明妃有国难投。它那里黄云不出青山岫⑨，投至⑩两处凝眸，盼得一雁横秋。单注⑪着寡人今岁揽闲愁。王嫱这运添憔瘦，翠羽冠，香罗绶，都做了锦蒙头暖帽，珠络缝貂裘⑫。

〔云〕卿等今日先送明妃到驿中，交付番使，待明日朕亲出灞陵桥⑬，送饯一杯去。〔尚书云〕只怕使不的，惹外夷耻笑。〔驾云〕卿等所言，我都依着。我的意思，如何不依？好歹去送一送，我一会家⑭只恨毛延寿那厮！

〔唱〕

①鼎镬（huò）：鼎、镬都是烹饪之器。　②班头：大臣各自队列的第一位。　③垂旒（liú）：指当年吕后执政。　④差排：即差派。　⑤鸾交凤友：指恩爱夫妻。　⑥可知：此处是当然的意思。　⑦生受：费心。　⑧早则：已经这样。　⑨岫（xiù）：山。　⑩投至：等到。　⑪单注：注定。　⑫这几句话的意思是：王昭君在汉朝服饰华贵，待嫁到匈奴就只能穿戴草原民族的服饰了。　⑬灞陵桥：古桥，在长安东，古人送人至此，折柳赠别，希望对方旅途平安。　⑭一会家：指这会儿。

【三煞】我则恨那忘恩咬主贼禽兽，怎生不画在凌烟阁上头^①？紫台行^②都是俺手里的众公侯，有那桩儿不共卿谋，那件儿不依卿奏？争忍教第一夜梦迤逗^③？从今后不见长安望北斗，生扭做^④织女牵牛！

〔尚书云〕不是臣等强逼娘娘和番，奈番使定名索取；况自古以来，多有因女色败国者。〔驾唱〕

【二煞】虽然似昭君般成败都皆有，谁似这做天子的官差不自由！情知^⑤他怎收那膘满的紫骅骝^⑥。往常时翠轿香兜^⑦，兀自^⑧倦朱帘揭绣，上下处要成就^⑨。谁承望月自空明水自流，恨思悠悠。

〔旦云〕妾身这一去，虽为国家大计，争奈舍不的陛下！〔驾唱〕

【黄钟尾】怕娘娘觉饥时吃一块淡淡盐烧肉，害渴时喝一勺儿酩和粥。我索折一枝断肠柳，饯一杯送路酒。眼见得赶程途，趁宿头^⑩，痛伤心，重回首，则怕他望不见凤阁龙楼，今夜且则^⑪向灞陵桥畔宿。〔下〕

---

①这两句话的意思是：毛延寿这个忘恩负义的人，怎么还活在这个世上？凌烟阁，唐太宗在此绘制其二十四功臣的画像，此处则意在绘像于其上者多已辞世，以此咒骂毛延寿。　②紫台行：即朝廷里。　③这句话的意思是：（你们）怎么忍心让我被这整夜的相思之梦困扰呢？第，代词，这。迤（yǐ）逗，招惹，牵引。　④生扭做：硬生生成为。　⑤情知：明明知道。　⑥紫骅骝：指好马。　⑦兜：这里指轿子。　⑧兀自：尚且。　⑨成就：扶持。　⑩趁宿头：赶到寄宿的地方。趁，追赶。　⑪且则：姑且。

《梁山泊李逵负荆》第一折（节选）

康进之①

这是一段在《水浒》成书前就已经上演的相关题材的杂剧，而今本《水浒》中依然有这段故事，只是主人公李逵的形象略有变化。我们会惊讶地发现杂剧中这个"黑旋风"，竟然会拾起桃花瓣来发一通感慨，俨然是一个感情细腻的大汉，让人忍俊不禁。

〔正末扮李逵做带醉上，云〕吃酒不醉不如醒也。俺梁山泊上山儿李逵的便是。人见我生得黑，起个绰号叫俺做黑旋风。奉宋公明哥哥将令，放俺三日假限，踏青赏玩。不免下山去老王林②家再买几壶酒，吃个烂醉也呵。〔唱〕

【仙吕点绛唇】饮兴难酬，醉魂依旧。寻村酒，恰问罢王留③。〔云〕俺问王留道，那里有酒？那厮不说便走。俺喝道，走那里去？被俺赶上一把揪住张口毛④，恰待要打。那王留道，休打，休打，爹爹，有。〔唱〕王留道兀⑤那里人家有。

---

①康进之：生平不详，属于第一期剧作家，今仅存杂剧一本。　②王林：剧中杏花村酒店的主人，该剧本说的就是王林的女儿被强盗宋刚、鲁智恩冒用宋江、鲁智深的名号抢去，李逵信以为真，回山寨后大闹。之后李逵随鲁智深等打败强盗，误会消除，他向宋江负荆请罪。　③王留：元曲中惯用的大众名字，用于一些无关紧要的人物。　④张口毛：即胡须。　⑤兀：语助词，无义。

【混江龙】可正是清明时候，却言风雨替花愁。和风渐起，暮雨初收。俺则见杨柳半藏沽酒市，桃花深映钓鱼舟。更和这碧粼粼春水波纹绉，有往来社燕①，远近沙鸥。

〔云〕人道我梁山泊无有景致，俺打那厮的嘴。〔唱〕

【醉中天】俺这里雾锁着青山秀，烟罩定绿杨洲。〔云〕那桃树上一个黄莺儿，将那桃花瓣儿啖②阿啖阿，啖的下来，落在水中，是好看也！我也曾听的谁说来？我试想咱③。哦！想起来了也，俺学究哥哥道来。〔唱〕他道是"轻薄桃花逐水流④"。〔云〕俺绰起这桃花瓣儿来，我试看咱，好红红的桃花瓣儿。〔做笑科，云〕你看我好黑指头也！〔唱〕恰便是粉衬的这胭脂透。〔云〕可惜了你这瓣儿，俺放你趁那一般的瓣儿去。我与你赶，与你赶，贪赶桃花瓣儿，〔唱〕早来到这草桥店垂杨的渡口。〔云〕不中⑤，则怕误了俺哥哥的将令，我索回去也。〔唱〕待不吃呵又被这酒旗儿将我来相迤逗⑥，他、他、他，舞东风在曲律⑦竿头。

〔云〕兀那王林，有酒么？不则⑧这般白吃你的，与你一抄⑨碎金子，与你做酒钱。〔王林做采泪⑩科，云〕要他那碎金子做甚么？〔正末笑科，云〕他口里说不要，可揣在怀里。老王将酒来。〔王林云〕有酒，有酒。〔做筛酒科〕

〔正末云〕我吃这酒在肚里，则是翻也翻的。不吃，更待干罢⑪。〔唱〕

【油葫芦】往常时"酒债寻常行处有⑫"，十欠着九。〔带云〕老王也，〔唱〕则你这杏花庄压尽他谢家楼⑬。你与我便熟油般造下春

---

①社燕：立春后第五个戊日为春社，祭祀土地神，燕子在春社时到来，在秋社时离开，因称"社燕"。
②啖（dàn）：这里指鸟雀啄食桃花。　③咱：用于句中或句尾的助词，无义，下皆仿此。　④该句用杜甫《绝句漫兴九首》之五："癫狂柳絮随风舞，轻薄桃花追水流。"　⑤不中：不行。　⑥迤逗：这里是引诱的意思。　⑦曲律：弯曲的。　⑧不则：不只是。　⑨抄：容量名，十撮为一抄。　⑩采泪：即抹眼泪。　⑪更待干罢：怎么能善罢甘休。　⑫该句用杜甫《曲江二首》其二："酒债寻常行处有，人生七十古来稀。"寻常行处，平时常去的地方。　⑬谢家楼：李白《宣城谢朓楼饯别校书叔云》有："长风万里送秋雁，对此可以酣高楼。"

醅酒①，你与我花羔般煮下肥羊肉。一壁厢②肉又熟，一壁厢酒正筹③。抵多少"锦封未拆香先透④"，我则待"乘兴饮两三瓯⑤"。

【天下乐】可正是一盏能消万种愁，〔云〕老王也，咱吃了这酒呵，〔唱〕把烦恼都也波⑥丢，都丢在脑背后，这些时吃一个没了休。〔带云〕我醉了呵。〔唱〕遮莫⑦我倒在路边，遮莫我卧在瓮头，〔做吐科，云〕老王俫⑧，〔唱〕直醉的来在这搭里呕。

---

①醅（pēi）酒：未经过滤的酒。　②一壁厢：一边。　③筹（chōu）：筛酒。　④该句用陈草庵《中吕·山坡羊》："满怀忧，一时愁，锦封未拆香先透，物换不如人世有。"这首小令写的就是痛饮酒，这句曲词的意思是，酒香浓郁，酒坛上的封口还没拆开，香气就透漏出来。　⑤元代无名氏《仙吕·村里迓鼓·四季乐情》中有"朋友每留，乘兴饮两三瓯（ōu）"的句子，此处可能是化用。瓯，杯。　⑥也波：曲词中衬字，无义。　⑦遮莫：任凭。　⑧俫（lái）：用作衬字或句末语助词，无义。

文史知识

一、元杂剧

元杂剧具有戏曲和文学双重含义，即它既是一种戏曲表演形式，也是一种文学体裁。由于元杂剧的表演体制绝大多数是从文献中获得，因此我们往往更倾向于把它视为文学作品。

目前已经明确的是，元杂剧和之前的宋代杂剧、金代院本、诸宫调等曲艺形式有直接的渊源关系。王国维在其中国戏曲研究的先驱之作《宋元戏曲考》中指出元杂剧的两大进步在于：第一，乐曲形式更加多样化；第二，代言体①的采用。这是从戏剧的角度作出的评价。元杂剧的文学成就，明清两代认识不多，因为它基本属于俗文学领域，且部分作品因为受众的缘故偏于鄙俗，是士大夫不屑或不便加以评论的内容。但是当现代学者以文学进化论的观点（即"一代有一代之文学"）去看待元代文学，情况就有所不同。王国维提出元杂剧的成就首先在于"自然"，也就是表达上的天然质朴，毫无掩饰；同时，他也认为杂剧具备中国文学所缺乏的悲剧色彩；而最为他所称道的则是元杂剧曲词的意境美，而这恰是他对中国古典诗词的最高评价。

由此可知，元杂剧的文学价值经历了相当长时间才逐渐被发现。如今唐诗、宋词、元曲的说法已经深入人心，元杂剧成为中国古典文学不可或缺的珍品。

①指曲词是剧中人物直接的内心抒发，而不是通过剧作家的视角。

二、元杂剧剧本

元杂剧剧本在结构上一般由四折加一个楔子组成[1]，楔子可以在全剧开头也可以在两折之间，一般作交代故事缘起或穿针引线之用。

元杂剧剧本内容主要由曲词、宾白和科范三部分组成，其中曲词是主要部分，这说明元杂剧的表演主体是演唱。

宫调用以限制音高，如今之C调、D调等，现存元杂剧中使用的共有九种宫调。曲牌规定了一支曲子的格式，剧作家据以填成曲词。一个宫调下辖若干曲牌组成的就是一支套曲，在一本剧中就构成一折，部分组合有一定规律，每折更换一个宫调。一折一方面是一个音乐单位，另一方面也是故事情节发展的一个段落。

宾白指的是剧中言语的部分，"宾"指人物间对白，"白"指人物独白。宾白有散文、韵文二体。虽然杂剧主要部分是演唱，但有时宾白也具有艺术价值。值得一提的是，每一折只能由一人演唱，其余人只有宾白，通常情况下就由这一人包揽全剧的演唱[2]。

科范是提示演出时主要动作及舞台效果的用语，杂剧中凡记录人物动作都用"科"结尾。

---

[1] 在现存的元杂剧中，有些超过了这个规模，如著名的王实甫《西厢记》，但绝大多数仍然符合；有些剧本则没有楔子，如康进之《梁山泊李逵负荆》。　　[2] 因此，可以把杂剧视为一人连续演唱四支互有联系的套曲组合，当中由演员（包括演唱者）用宾白、动作串联故事情节。

思考与练习

一、元杂剧的唱词和宾白（韵白）中有很多化用或者直接使用前人的诗词，请你从三段选文中找出一些，说说使用的是哪些人哪些作品中的句子，并比较运用的效果。

二、杂剧已经具备比较充分的情节冲突，我们通常可以根据一部杂剧来讲述一个完整的故事。大家可以发挥想象，选择选文中的一部，改写成一篇全新的故事，看看谁的故事能超过原著。感兴趣的同学，可以把选文的完整剧本或者其它剧本找来阅读，看看能不能写出更好的故事。

第二单元

街头艺人的小说
——《三国演义》和《水浒传》

单元导读

　　俗话说："少不读《水浒》，老不读《三国》。"说的是《水浒》里打打杀杀的情节太多，青年人血气方刚，看了以后容易冲动；而《三国》多阴谋，老成之人看多了更容易老谋深算。话虽如此，但老老少少爱看《三国》《水浒》的人数不胜数。明代有一个人叫陈继泰，他十三岁的时候问舅舅借了一本《三国演义》，一读就入了迷，天天坐在墙角偷偷看，以至于他妈妈几次叫他吃饭都没去——废寝忘食到了这样的地步，可见这部小说是怎样使他喜爱了。我们看《三国演义》和《水浒传》，只觉得一个个英雄人物栩栩如生，好像看到他们的喜怒哀乐，看到他们的驰骋疆场，看到他们的潇洒豪放。这两部作品尽管是以虚构为主的小说，但是它们的影响是如此之大，以至于后人往往已经搞不清真实与虚构的界限。清代有一个著名文人叫王士禛，他经过四川一个叫落凤坡的地方时，大概想起了《三国演义》里蜀国著名谋士庞统在这里殒命的故事，就写了一首《落凤坡吊庞士元》的诗，却没想到这不是史实，被嘲笑了很久。其实这个故事让我们知道不但当地受《三国》故事的影响产生了这个地名，而且连正统文人都已经熟记这个典故，可见小说在社会上影响之深远。同样，这两部小说传到邻国日本后也深受喜爱，出现了大量翻刻和仿作，说明它们的影响已经超越了国界。

　　那么这两部鸿篇巨制是如何完成的呢？不知大家是否玩过一个叫做"拷贝不走样"的游戏，在口耳相传的过程中，最初的那句话实际上很难"不走样"，总会发现不是遗落了某些信息，就是增添了一些内容。我们可以试想，如果把这个游戏里的几句话变成一个故事、两个故事乃至一个很长的故事，那么经过许多人许多年的流传，最后一定也会和最初的样子有很大的差异——可能有些人物消失了，却增加了一些原来没有的人物；有些情节本来是这样的，而变成了那样，或者大体没有改变却变得更详细了。总之，《三国演义》和《水浒传》的完成很难说是某一个人或者某几个人在某时完成的，而是在相当长的时间内累积、演变、发展，最后才由罗贯中、施耐庵等人编纂而成的。

《三国演义》和《水浒传》在人物形象的刻画上成就极高，前者成功塑造了刘、关、张、曹操、诸葛亮等一系列人物，甚至掩盖了他们某些真实的历史面貌；后者则能使一个由一百零八人组成的庞大群体显得不那么脸谱化，其中，林冲、鲁智深、武松、李逵、宋江等更是为后人所津津乐道。此外，《三国演义》在战争的描写方面卓尔不群，《水浒传》则在表现市民生活和意识方面有独特的价值。

本单元《三国演义》选文据人民文学出版社1979年版《三国演义》。《水浒传》选文据上海古籍出版社1995年版《水浒全传》。

选文部分

舌战群儒

曹操大兵压境，刘备屡败，亟需孙权的支援，但欲结联盟又不可摆出乞援之相，孔明的境遇实在艰难。但他料准孙权独木难支，也必需外力相助。面对孙权手下谋士的刁难，他处处占着个理字，演说论辩功夫十分了得，最终促成联盟，大功告成。

次日至馆驿中见孔明①，又嘱曰："今见我主②，切不可言曹操兵多。"孔明笑曰："亮自见机而变，决不有误。"肃③乃引孔明至幕下。早见张昭、顾雍等一班文武二十余人④，峨冠博带⑤，整衣端坐。孔明逐一相见，各问姓名。施礼已毕，坐于客位。

张昭等见孔明丰神飘洒⑥，器宇轩昂，料道此人必来游说。张昭先以言挑之曰："昭乃江东微末之士，久闻先生高卧隆中，自比

①孔明：诸葛亮的字。　②主：这里指孙权。　③肃：指鲁肃。　④张昭：字子布，徐州人。顾雍：字元叹，吴郡人。二人都是当时东吴重要谋臣。　⑤峨冠博带：戴高帽子，穿宽松的衣服，这是士大夫的惯常装束。　⑥丰神飘洒：神态举止自然潇洒。

管、乐①。此语果有之乎？"孔明曰："此亮平生小可之比也。"昭曰："近闻刘豫州②三顾先生于草庐之中，幸得先生，以为'如鱼得水'，思欲席卷荆襄。今一旦以属曹操，未审是何主见③？"孔明自思张昭乃孙权手下第一个谋士，若不先难倒他，如

何说得孙权，遂答曰："吾观取汉上④之地，易如反掌。我主刘豫州躬行仁义，不忍夺同宗之基业，故力辞之⑤。刘琮⑥孺子，听信佞言，暗自投降，致使曹操得以猖獗。今我主屯兵江夏⑦，别有良图，非等闲可知也。"昭曰："若此，是先生言行相违也。先生自比管、乐——管仲相桓公，霸诸侯，一匡天下；乐毅扶持微弱之燕，下⑧齐七十余城：此二人者，真济世之才也。先生在草庐之中，但笑傲风月，抱膝危坐。今既从事刘豫州，当为生灵兴利除害，剿灭乱贼。且刘豫州未得先生之前，尚且纵横寰宇⑨，割据城池；今得先生，人皆仰望。虽三尺童蒙，亦谓彪虎生翼，将见汉室复兴，曹氏即灭矣。朝廷旧臣，山林隐士，无不拭目而待：以为拂高天之云翳⑩，仰日月之光辉，拯民于水火之中，措天下于衽席⑪之上，在

---

①管、乐：指管仲、乐毅。　②刘豫州：指刘备。　③这两句话的意思是：现在荆州地区一夜之间归属了曹操，不知这是你们的什么妙计？　④汉上：指汉江、长江一带，其地域较荆州更大。⑤这几句话的意思是：刘备亲自践行仁义道德，当初不忍心夺取宗室刘表的土地，所以推辞了刘表临终请刘备主事荆州的建议。　⑥刘琮（cóng）：刘表次子，继承父爵，但很快投降曹操。　⑦江夏：在今湖北省武汉市。　⑧下：此处作动词使用，意思是使齐国七十余城降服。　⑨寰（huán）宇：天下。　⑩翳（yì）：云雾。　⑪衽（rèn）席：坐卧的用具。这里指处于安适的地方。

此时也。何先生自归豫州，曹兵一出，弃甲抛戈，望风而窜；上不能报刘表以安庶民，下不能辅孤子而据①疆土；乃弃新野，走樊城，败当阳，奔夏口②，无容身之地：是豫州既得先生之后，反不如其初也。管仲、乐毅，果如是乎？愚直之言，幸勿见怪！"

孔明听罢，哑然③而笑曰："鹏飞万里，其志岂群鸟能识哉？譬如人染沉疴④，当先用糜粥⑤以饮之，和药⑥以服之；待其腑脏调和，形体渐安，然后用肉食以补之，猛药以治之：则病根尽去，人得全生也。若不待气脉和缓，便投以猛药厚味，欲求安保，诚为难矣。吾主刘豫州，向日军败于汝南⑦，寄迹刘表，兵不满千，将止关、张、赵云而已：此正如病势尪羸⑧已极之时也。新野山僻小县，人民稀少，粮食鲜薄，豫州不过暂借以容身，岂真将坐守于此耶？夫以甲兵不完，城郭不固，军不经练，粮不继日，然而博望⑨烧屯，白河用水，使夏侯惇、曹仁辈心惊胆裂：窃谓管仲、乐毅之用兵，未必过此。至于刘琮降操，豫州实出不知；且又不忍乘乱夺同宗之基业，此真大仁大义也！当阳之败，豫州见有数十万赴义之民，扶老携幼相随，不忍弃之，日行十里，不思进取江陵⑩，甘与同败，此亦大仁大义也。寡不敌众，胜负乃其常事。昔高皇数败于项羽，而垓下一战成功，此非韩信之良谋乎？夫信久事高皇，未尝累胜。盖国家大计，社稷安危，是有主谋。非比夸辩之徒，虚誉欺人：坐议立谈，无人可及；临机应变，百无一能。诚为天下笑耳！"这一

---

①据：占领，保卫。　②新野、樊城、当阳、夏口：均为刘备自今河南败退至今湖北途中的几处要地。　③哑（è）然：形容笑的声响。　④沉疴（kē）：重病。　⑤糜（mí）粥：糜、粥本有稠、稀之分，这里泛指粥。　⑥和药：当指药性平和的药物，与下文"猛药"相对。　⑦汝南：地名，在今河南省驻马店市。　⑧尪羸（wāng léi）：瘦弱。　⑨博望：在今河南省南阳市，后面说到的"白河"也在此附近，都是诸葛亮出山后帮助刘备击败曹军的地方。　⑩江陵：当时荆州治所，今湖北省荆州市。

篇言语，说得张昭并无一言回答。

座上忽一人抗声①问曰："今曹公兵屯百万，将列千员，龙骧虎视，平吞江夏，公以为何如？"孔明视之，乃虞翻②也。孔明曰："曹操收袁绍蚁聚之兵，劫刘表乌合之众，虽数百万不足惧也。"虞翻冷笑曰："军败于当阳，计穷于夏口，区区③求救于人，而犹言'不惧'，此真大言欺人也！"孔明曰："刘豫州以数千仁义之师，安能敌百万残暴之众？退守夏口，所以待时也。今江东兵精粮足，且有长江之险，犹欲使其主屈膝降贼，不顾天下耻笑。由此论之，刘豫州真不惧操贼者矣！"虞翻不能对。

座间又一人问曰："孔明欲效仪、秦④之舌，游说东吴耶？"孔明视之，乃步骘⑤也。孔明曰："步子山以苏秦、张仪为辩士，不知苏秦、张仪亦豪杰也：苏秦佩六国相印，张仪两次相秦，皆有匡扶人国之谋，非比畏强凌弱，惧刀避剑之人也。君等闻曹操虚发诈伪之词，便畏惧请降，敢笑苏秦、张仪乎？"步骘默然无语。

忽一人问曰："孔明以曹操何如人也？"孔明视其人，乃薛综⑥也。孔明答曰："曹操乃汉贼也，又何必问？"综曰："公言差矣。汉传世至今，天数将终。今曹公已有天下三分之二，人皆归心。刘豫州不识天时，强欲与争，正如以卵击石，安得不败乎？"孔明厉声曰："薛敬文安得出此无父无君之言乎！夫人生天地间，以忠孝为立身之本。公既为汉臣，则见有不臣之人，当誓共戮之：臣之道也。今曹操祖宗叨食汉禄⑦，不思报效，反怀篡逆之心，天下之

---

①抗声：高声。　②虞翻：字仲翔，会稽人，东吴谋士。　③区区：微不足道，这是轻视刘备的意思。　④仪、秦：指战国时期说客苏秦、张仪。　⑤步骘（zhì）：字子山，淮阴人，东吴谋士。　⑥薛综：字敬文，沛郡人，东吴文士。　⑦叨（tāo）食汉禄：承受并享用汉朝的俸禄。

所共愤；公乃以天数归之，真无父无君之人也！不足与语！请勿复言！"薛综满面羞惭，不能对答。

座上又一人应声问曰："曹操虽挟天子以令诸侯，犹是相国曹参之后。刘豫州虽云中山靖王①苗裔，却无可稽考②，眼见只是织席贩屦③之夫耳，何足与曹操抗衡哉！"孔明视之，乃陆绩④也。孔明笑曰："公非袁术⑤座间怀橘之陆郎乎？请安坐，听吾一言：曹操既为曹相国之后，则世为汉臣矣；今乃专权肆横，欺凌君父，是不惟无君，亦且蔑祖，不惟汉室之乱臣，亦曹氏之贼子也。刘豫州堂堂帝胄⑥，当今皇帝，按谱赐爵，何云'无可稽考'？且高祖起身亭长，而终有天下；织席贩屦，又何足为辱乎？公小儿之见，不足与高士共语！"陆绩语塞。

座上一人忽曰："孔明所言，皆强词夺理，均非正论，不必再言。且请问孔明治何经典？"孔明视之，乃严畯⑦也。孔明曰："寻章摘句⑧，世之腐儒也，何能兴邦立事？且古耕莘伊尹⑨，钓渭子牙，张良、陈平之流，邓禹、耿弇⑩之辈，皆有匡扶宇宙之才，未审其生平治何经典。岂亦效书生，区区于笔砚之间，数黑论黄⑪，舞文弄墨而已乎？"严畯低头丧气而不能对。

忽又一人大声曰："公好为大言，未必真有实学，恐适为儒者所笑耳。"孔明视其人，乃汝南程德枢⑫也。孔明答曰："儒有君子

---

①中山靖王：指西汉景帝之子刘胜。　②稽考：查考。　③织席贩屦（jù）：编织草席，贩卖麻鞋，这是刘备未起事时做过的营生，这里用以贬低刘备的身份。　④陆绩：字公纪，吴郡人，东吴文士。　⑤袁术：字公路，汝南人，袁绍之弟。　⑥帝胄：皇族。　⑦严畯（jùn）：字曼才，彭城人，东吴文士。　⑧寻章摘句：从文献中寻找、摘录语句，毫无创意。　⑨耕莘伊尹：传说伊尹曾经在莘野耕种，事见《孟子·万章上》。　⑩邓禹：字仲华，南阳人。耿弇（yǎn）：字伯昭，扶风茂陵人。两人都是东汉初著名将领。　⑪数黑论黄：这里是说长道短的意思。　⑫程德枢：即程秉，"德枢"是他的字，汝南人，东吴文士。

小人之别①。君子之儒，忠君爱国，守正恶邪，务使泽及当时，名留后世。若夫小人之儒，惟务雕虫②，专工翰墨，青春作赋，皓首穷经；笔下虽有千言，胸中实无一策。且如扬雄③以文章名世，而屈身事莽④，不免投阁而死，此所谓小人之儒也；虽日赋万言，亦何取哉！"程德枢不能对。众人见孔明对答如流，尽皆失色。

——《三国演义》第四十三回

单刀赴会

> 刘备已得西蜀，借来的"根据地"荆州却又不想归还，只好用拖延之计。孙权方面屡次施加压力，气氛越来越紧张，关羽在此时敢赴这"鸿门宴"，是需要胆略的，而他的英雄形象也因此愈加高大。

　　肃⑤乃辞孙权，至陆口⑥，召吕蒙、甘宁商议⑦，设宴于陆口寨外临江亭上，修下请书，选帐下能言快语一人为使，登舟渡江。江口关平⑧问了，遂引使者入荆州，叩见云长，具道鲁肃相邀赴会之意，呈上请书。云长看书毕，谓来人曰："既子敬相请，我明日便来赴宴。汝可先回。"

　　使者辞去。关平曰："鲁肃相邀，必无好意；父亲何故许之？"云长笑曰："吾岂不知耶？此是诸葛瑾⑨回报孙权，说吾不肯还三

---

①语出《论语·雍也》："子谓子夏曰：'女为君子儒，无为小人儒。'"　②雕虫：雕琢文字，是对辞赋创作的蔑称。　③扬雄：字子云，西汉著名文学家。　④莽：指王莽。　⑤肃：指鲁肃，字子敬，为东吴都督。　⑥陆口：在今湖北省嘉鱼县。　⑦吕蒙：字子明，汝南人。甘宁：字兴霸，巴郡人。两人都是东吴将领。　⑧关平：关羽之子，在《三国演义》中则被塑造为关羽养子。　⑨诸葛瑾：字子瑜，琅琊人，诸葛亮之兄，东吴谋臣。此前曾来讨荆州，为关羽所拒。

郡，故令鲁肃屯兵陆口，邀我赴会，便索荆州。吾若不往，道吾怯矣。吾来日独驾小舟，只用亲随十余人，单刀赴会，看鲁肃如何近我！"平谏曰："父亲奈何以万金之躯，亲蹈虎狼之穴？恐非所以重伯父^①之寄托也。"云长曰："吾于千枪万刃之中，矢石交攻之际，匹马纵横，如入无人之境；岂忧江东群鼠乎！"马良^②亦谏曰："鲁肃虽有长者之风，但今事急，不容不生异心。将军不可轻往。"云长曰："昔战国时赵人蔺相如，无缚鸡之力，于渑池会^③上，觑秦国君臣如无物；况吾曾学万人敌^④者乎！既已许诺，不可失信。"良曰："纵将军去，亦当有准备。"云长曰："只教吾儿选快船十只，藏善水军五百，于江上等候。看吾认旗起处，便过江来。"平领命自去准备。

却说使者回报鲁肃，说云长慨然应允，来日准到。肃与吕蒙商议："此来若何？"蒙曰："彼带军马来，某与甘宁各人领一军伏于岸侧，放炮为号，准备厮杀；如无军来，只于庭后伏刀斧手五十人，就筵间杀之。"计会已定。次日，肃令人于岸口遥望。辰时后，见江面上一只船来，梢公水手只数人，一面红旗，风中招飐^⑤，显出一个大"关"字来。船渐近岸，见云长青巾绿袍，坐于船上；傍边周仓捧着大刀；八九个关西大汉，各跨腰刀一口。鲁肃惊疑，接入庭内。叙礼毕，入席饮酒，举杯相劝，不敢仰视。云长谈笑自若。

酒至半酣，肃曰："有一言诉与君侯^⑥，幸垂听焉：昔日令兄皇叔，使肃于吾主之前，保借荆州暂住，约于取川之后归还。今西川已得，而荆州未还，得无^⑦失信乎？"云长曰："此国家之事，筵间不必论之。"肃曰："吾主只区区江东之地，而肯以荆州相借者，为念君侯等兵败远来，无以为资故也。今已得益州，则荆州自应见还；乃皇叔但肯先割三郡，而君侯又不从，恐于理上说不去。"云长曰："乌林之役，左将军①亲冒矢石，戮力破敌，岂得徒劳而无尺土相资？今足下复来索地耶？"肃曰："不然。君侯始与皇叔同败于长坂②，计穷力竭，将欲远窜，吾主矜念皇叔身无处所，不爱土地，使有所托足，以图后功；而皇叔愆德隳好③，已得西川，又占荆州，贪而背义，恐为天下所耻笑。惟君侯察之。"云长曰："此皆吾兄之事，非某所宜与④也。"肃曰："某闻君侯与皇叔桃园结义，誓同生死。皇叔即君侯也，何得推托乎？"云长未及回答，周仓在阶下厉声言曰："天下土地，惟有德者居之。岂独是汝东吴当有耶！"云长变色而起，夺周仓所捧大刀，立于庭中，目视周仓而叱曰："此国家之事，汝何敢多言！可速去！"仓会意，先到岸口，把红旗一招。关平船如箭发，奔过江东来。

云长右手提刀，左手挽住鲁肃手，佯推醉曰："公今请吾赴宴，莫提起荆州之事。吾今已醉，恐伤故旧之情。他日令人请公到荆州赴会，另作商议。"鲁肃魂不附体，被云长扯至江边。吕蒙、甘宁各引本部军欲出，见云长手提大刀，亲握鲁肃，恐肃被伤，遂不敢动。云长到船边，却才放手，早立于船首，与鲁肃作别。肃如痴似呆，看关公船已乘风而去。

——《三国演义》第六十六回

---

①左将军：指刘备。　②长坂：即长坂坡，在今湖北省宜昌市当阳。　③愆（qiān）德隳（huī）好：损害道德，破坏交情，这里指责刘备方面借荆州而不还。　④与：参与。

杨志卖刀

都说"秀才遇到兵，有理说不清"，却没承想杨志这个军官竟也会遇上这样的倒霉事，可见亡命之徒最是可怕，连兵都惹不起。可怜杨志一心守护祖上的好名声，还是被此人拉下了水。

只说杨志出了大路，寻个庄家挑了担子，发付小喽罗①自回山寨。杨志取路，不数日，来到东京②。入得城来，寻个客店，安歇下，庄客交还担儿，与了些银两，自回去了。杨志到店中放下行李，解了腰刀、朴刀③，叫店小二将些碎银子买些酒肉吃了。过数日，央人来枢密院④打点，理会本等⑤的勾当，将出那担儿内金银财物，买上告下，再要补殿司府制使⑥职役。把许多东西都使尽了，方才得申文书，召去见殿帅高太尉，来到厅前。那高俅⑦把从前历事文书都看了，大怒道："既是你等十个制使去运花石纲⑧，九个回到京师交纳了，偏你这厮把花石纲失陷了！又不来首告⑨，倒又在逃，许多时捉拿不着！今日再要勾当⑩，虽经赦宥⑪，所犯罪名，难以委用！"把文书一笔都批了，将杨志赶出殿帅府来。

杨志闷闷不已，只到客店中，思量："王伦⑫劝俺，也见得是，只是洒家⑬清白姓字，不肯将父母遗体⑭来点污了，指望把一身本

---

①喽罗：即"喽啰"，这里指强盗的手下。　②东京：北宋京城，即汴梁、汴京，今河南省开封市。③朴（pō）刀：一种形似大刀的兵器。　④枢密院：北宋分管军事的最高机构。　⑤本等：本身。⑥制使：北宋参管禁军的殿前司下属的低级军官。　⑦高俅：汴京人，当时的权臣，在《水浒》中是大奸臣形象。⑧花石纲：北宋徽宗时期为皇帝运送江南奇珍异宝的船运，一般十艘船组成一纲，因而有此称呼。　⑨首告：这里是自首的意思。　⑩勾当：这里是差事的意思。　⑪赦宥（yòu）：赦免。　⑫王伦：当时梁山泊的首领。　⑬洒家：当时关西方言，第一人称，我。　⑭遗体：自己的身体，意思是身体是父母赐给的。

新编中华文化基础教材·第十四册

事，边庭上一枪一刀，博个封妻荫子，也与祖宗争口气；不想又吃这一闪①。高太尉，你忒②毒害，恁地③刻薄！"心中烦恼了一回。在客店里又住几日，盘缠使尽了。……

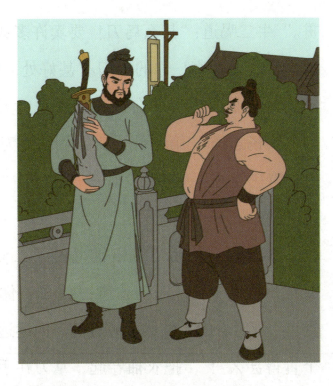

杨志寻思道："却是怎地好？只有祖上留下这口宝刀，从来跟着洒家；如今事急无措，只得拿去街上货卖得千百贯钱钞，好做盘缠，投往他处安身。"当日将了宝刀插了草标儿，上市去卖。走到马行街内，立了两个时辰，并无一个人问。将立到晌午时分，转来到天汉州桥热闹处去卖。杨志立未久，只见两边的人都跑入河下巷内去躲。杨志看时，只见都乱撺，口里说道："快躲了！大虫④来也！"杨志道："好作怪！这等一片锦城池，却那得大虫来？"当下立住脚看时，只见远远地黑凛凛一条大汉，吃得半醉，一步一攧⑤撞将来。杨志看那人时，形貌生得粗陋。……原来这人是京师有名的破落户泼皮，叫做没毛大虫牛二，专在街上撒泼、行凶、撞闹，连为几头官司，开封府也治他不下。以此满城人见那厮来都躲了。

却说牛二抢到杨志面前，就手里把那口宝刀扯将出来，问道："汉子，你这刀要卖几钱？"杨志道："祖上留下宝刀，要卖三千

①闪：这里是挫折的意思。　②忒（tuī）：太。　③恁（nèn）地：这样。　④大虫：老虎。
⑤攧（diān）：跌。

第二单元　《三国演义》和《水浒传》

贯。"牛二喝道："甚么鸟刀！要卖许多钱！我三十文买一把，也切得肉，切得豆腐！你的鸟刀有甚好处，叫做宝刀？"杨志道："洒家的须不是店上卖的白铁刀，这是宝刀。"牛二道："怎地唤做宝刀？"杨志道："第一件，砍铜剁铁，刀口不卷；第二件，吹毛得过；第三件，杀人刀上没血。"牛二道："你敢剁铜钱么？"杨志道："你便将来，剁与你看。"

牛二便去州桥下香椒铺里讨了二十文当三钱①，一垛儿将来放在州桥栏干上，叫杨志道："汉子，你若剁得开时，我还你三千贯！"那时看的人虽然不敢近前，向远远地围住了望。杨志道："这个直得甚么②！"把衣袖卷起，拿刀在手，看较准，只一刀把铜钱剁做两半。众人喝采。牛二道："喝甚么鸟采！你且说第二件是甚么？"杨志道："吹毛得过：若把几根头发，望刀口上只一吹，齐齐都断。"牛二道："我不信！"自把头上拔下一把头发，递与杨志，"你且吹我看。"杨志左手接过头发，照着刀口上尽气力一吹，那头发都做两段，纷纷飘下地来。众人喝采。看的人越多了。牛二又问："第三件是甚么？"杨志道："杀人刀上没血。"牛二道："怎地杀人刀上没血？"杨志道："把人一刀砍了，并无血痕。只是个快。"牛二道："我不信！你把刀来剁一个人我看。"杨志道："禁城之中，如何敢杀人。你不信时，取一只狗来杀与你看。"牛二道："你说杀人，不曾说杀狗！"杨志道："你不买便罢，只管缠人做什么？"牛二道："你将来我看！"杨志道："你只顾没了当③！洒家又不是你撩拨④的！"牛二道："你敢杀我？"杨志道："和你往日无冤，昔日

———————————————

①当三钱：宋代的一种制钱，一个钱可以当寻常三个钱使用。　②直得甚么：这里是"算什么"的意思。
③没了当：纠缠不清。　④撩拨：这里是招惹的意思。

无仇，一物不成两物，现在没来由杀你做甚么？"

牛二紧揪住杨志，说道："我偏要买你这口刀！"杨志道："你要买，将钱来！"牛二道："我没钱！"杨志道："你没钱，揪住洒家怎地？"牛二道："我要你这口刀！"杨志道："我不与你！"牛二道："你好男子，剁我一刀！"杨志大怒，把牛二推了一交。牛二爬将起来，钻入杨志怀里。杨志叫道："街坊邻舍，都是证见！杨志无盘缠，自卖这口刀，这个泼皮强夺洒家的刀，又把俺打。"街坊人都怕这牛二，谁敢向前来劝。牛二喝道："你说我打你，便打杀直甚么！"口里说，一面挥起右手，一拳打来。杨志霍地躲过，拿着刀抢入来，一时性起，望牛二颡根①上搠个着，扑地倒了。杨志赶入去，把牛二胸脯上又连搠了两刀，血流满地，死在地上。

杨志叫道："洒家杀死这个泼皮，怎肯连累你们！泼皮既已死了，你们都来同洒家去官府里出首②。"坊隅众人慌忙拢来，随同杨志，径投开封府出首。

——《水浒全传》第十二回

宋江题反诗

　　宋江杀死阎婆惜，刺配江州，结识了戴宗、李逵和张顺。那日寻访三人，不巧都不在，因此独自上浔阳楼赏景饮酒。醉后题了几句诗词，本是牢骚话，也不在意，不想却引发了一场"文字狱"。

---

①颡（sǎng）根：咽喉之后。　②出首：自首。

宋江听罢，又寻出城来，直要问到那里，独自一个闷闷不已，信步再出城外来，看见那一派江景非常，观之不足。正行到一座酒楼前过，仰面看时，旁边竖着一根望竿①，悬挂着一个青布酒旆子，上写道："浔阳江正库②。"雕檐外一面牌额，上有苏东坡大书"浔阳楼"三字。宋江看了，便道："我在郓城县③时，只听得说江州好座浔阳楼，原来却在这里！我虽独自一个在此，不可错过，何不且上楼去自己看玩一遭？"宋江来到楼前看时，只见门边朱红华表④，柱上两面白粉牌，各有五个大字，写道："世间无比酒，天下有名楼。"宋江便上楼来，去靠江占一座阁子里坐了。凭栏举目，端的好座酒楼。……

　　宋江看罢，喝采不已。酒保上楼来问道："官人还是要待客，只是只自消遣？"宋江道："要待两位客人，未见来，你且先取一樽好酒，果品、肉食只顾卖来，鱼便不要。"酒保听了，便下楼去。少时，一托盘把上楼来，一樽蓝桥风月美酒，摆下菜蔬，时新果品、按酒⑤，列几般肥羊、嫩鸡、酿鹅、精肉，尽使朱红盘碟。宋江看了，心中暗喜，自夸道："这般整齐肴馔，济楚⑥器皿，端的是好个江州！我虽是犯罪远流到此，却也看了真山真水。我那里虽有几座名山古迹，却无此等景致。"独自一个，一杯两盏，倚阑畅饮，不觉沉醉，猛然蓦上心来，思想道："我生在山东，长在郓城，学吏出身，结识了多少江湖好汉，虽留得一个虚名，目今三旬之上，名又不成，功又不就，倒被文了双颊⑦，配来在这里。我家

---

①望竿：酒店外悬挂酒旗的竿子。　　②正库：指官办的大酒店。　　③郓（yùn）城县：在今山东省菏泽市，宋江刺配江州前在郓城做押司。　　④华表：这里指酒店门口用以装饰的柱子。　　⑤按酒：下酒菜。　　⑥济楚：整洁。　　⑦文了双颊：刺配的囚犯在脸上刺字，一般很难去除。

乡中老父和兄弟，如何得相见？"不觉酒涌上来，潸然泪下，临风触目，感恨伤怀。忽然做了一首《西江月》词，便唤酒保索借笔砚来。起身观玩^①，见白粉壁上多有先人题咏，宋江寻思道："何不就书于此？倘若他日身荣，再来经过，重睹一番，以记岁月，想今日之苦。"乘着酒兴，磨得墨浓，蘸得笔饱，去那白粉壁上便写道：

　　　自幼曾攻经史，长成亦有权谋。恰如猛虎卧荒丘，潜伏
　　爪牙忍受。

　　　不幸刺文双颊，那堪配在江州！他年若得报冤仇，血染
　　浔阳江口！

宋江写罢，自看了大喜大笑；一面又饮了数杯酒，不觉欢喜，自狂荡起来，手舞足蹈，又拿起笔来，去那《西江月》后再写下四句诗，道是：

　　　心在山东身在吴，飘蓬江海谩^②嗟吁。他时若遂凌云志，敢笑黄巢不丈夫！

宋江写罢诗，又去后面大书五字道："郓城宋江作。"写罢，掷笔在桌上，又自歌了一回。再饮过数杯酒，不觉沉醉，力不胜酒，便唤酒保计算了，取些银子算还，多的都赏了酒保，拂袖下楼来。踉踉跄跄，取路回营^③里来。开了房门，便倒在床上，一觉直睡到

―――――――――――
①玩：赏玩。　②谩（màn）：不要。　③营：指拘管刺配犯的牢城营。

五更。酒醒时，全然不记得昨日在浔阳江楼上题诗一节。当时害酒①，自在房里睡卧，不在话下。

且说这江州对岸，另有个城子，唤做无为军②，却是个野去处。城中有个在闲通判，姓黄，双名文炳。这人虽读经书，却是阿谀谄佞之徒，心地偏窄，只要嫉贤妒能，胜如己者害之，不如己者弄之，专在乡里害人。闻知这蔡九知府③是当朝蔡太师儿子，每每来浸润④他，时常过江来谒访知府，指望他引荐出职，再欲做官。也是宋江命运合当⑤受苦，撞了这个对头。

当日这黄文炳在私家闲坐，无可消遣，带了两个仆人，买了些时新礼物，自家一只快船渡过江来，径去府里探望蔡九知府。恰恨撞着府里公宴，不敢进去。却再回船，正好那只船仆人已缆在浔阳楼下。黄文炳因见天气暄热⑥，且去楼上闲玩一回。信步入酒库里来，看了一遭，转到酒楼上，凭栏消遣，观见壁上题咏甚多，也有做得好的，亦有歪谈乱道的。黄文炳看了冷笑，正看到宋江题《西江月》词，并所吟四句诗，大惊道："这个不是反诗？谁写在此？"后面却书道"郓城宋江作"五个大字。黄文炳再读道："'自幼曾攻经史，长成亦有权谋。'"冷笑道："这人自负不浅。"又读道："'恰如猛虎卧荒丘，潜伏爪牙忍受！'"黄文炳道："那厮也是个不依本分的人。"又读："'不幸刺文双颊，那堪配在江州。'"黄文炳道："也不是个高尚其志的人，看来只是个配军。"又读道："'他年若得报冤仇，血染浔阳江口！'"黄文炳道："这厮报仇兀谁⑦？却

①害酒：指醉酒后身体不适。　　②无为军：今安徽省芜湖市无为县。军，宋代行政区划之一，与州、府同级，隶属于路。　　③蔡九知府：全名蔡德章，即后面提到的蔡太师蔡京的第九子。　　④浸润：这里是进言讨好的意思。　　⑤合当：应该，该当。　　⑥暄（xuān）热：炎热。　　⑦这句话的意思是：这家伙到底要报谁的仇？兀谁，谁，"兀"无实在义。

要在此生事！量你是个配军，做得甚用！"又读诗道："'心在山东身在吴，飘蓬江海谩嗟吁。'"黄文炳道："这两句兀自①可恕。"又读道："'他时若遂凌云志，敢笑黄巢不丈夫！'"黄文炳摇着头道："这厮无礼，他却要赛过黄巢，不谋反待怎地？"再读了"郓城宋江作"。黄文炳道："我也多曾闻这个名字，那人多管②是个小吏。"便唤酒保来问道："这两篇诗词，端的是何人题下在此？"酒保道："夜来一个人独自喝了一瓶酒，醉后疏狂③，写在这里。"黄文炳道："约莫甚么样人？"酒保道："面颊上有两行金印，多管是牢城营内人。生得黑矮肥胖。"黄文炳道："是了。"就借笔砚取幅纸来抄了，藏在身边，分付酒保休要刮去了。

——《水浒全传》第三十九回

①兀自：还。　②多管：多半。　③疏狂：这里指酒后放肆。

文史知识

一、《三国志通俗演义》和《三国演义》

  《三国志通俗演义》是由罗贯中写定的一部历史小说。该书大致经历了民间流传、戏剧表演和写定三个阶段。民间流传的代表是成书于金代的《三国志平话》，平话是宋元时期说书艺人表演底本（又叫话本）的一种，以叙事为主，因此和小说很接近。该平话分三卷，五万余字。元代杂剧"三国戏"继续发展，显示了过渡转型的特征。而现存最早的嘉靖壬午（1522）《三国志通俗演义》，已经是一部五十八万余字的鸿篇巨制。且对照可知，平话、杂剧中可资取材者其实很少，说明罗贯中在小说的写定过程中还做了大量创作。

  目前，我们对罗贯中知之甚少。前人多根据《录鬼簿续编》，推断其约活动于1330—1400年间；其籍贯也有太原、东原、钱塘等说法。但今人研究认为，出于其手的《三国志通俗演义》最迟应写在元文宗天历二年（1329），则他大致活动于1300—1370年间，而《三国志通俗演义》则完全是元代作品了。

  我们今天熟知的《三国演义》是清代毛纶、毛宗岗父子在《三国志通俗演义》的基础上修改并点评的。他们的修改主要集中在增删文辞、修改情节、整顿回目和改换诗文四个方面。从《三国演义》的流传和影响来说，他们的工作利大于弊。

二、《水浒传》

  《水浒传》的成书和《三国演义》类似，也是一个累积的过程，且演变更为复杂。根据《宣和遗事》的记载，最迟在元代，说书艺人已经开讲宋江及其结义兄弟的故事。宋江确有其人，《宋史》里提到他起义并投降，其它史料还提到他曾参与征讨方腊。这些都成为后来故事演变的基础。据研究，《水浒传》是由数个原本独立的话本集合而成，而最终的集合者是罗贯中、施耐庵二人。过去有施耐庵是罗贯中之师的说法，但随着罗贯中时代的前移，则施晚于罗是可以确定的，他是钱塘人，明初还在。换言之，《水浒传》在元末由罗贯中完成，由施耐庵在明初最终完善。

我们能明显感受到，《水浒》至少包含三个独立的系统，即太行山、梁山泊和征方腊。推测起来，大抵宋江故事早期在太行山，至今于史进、李忠、鲁智深、杨志等身上还留有痕迹；后来地点转移至梁山泊，人数不断增加；征讨方腊则又是一个独立的故事，因为该部分作者显然对南方的地理情况极为精熟。它们的拼接则由罗、施二人完成。其后的刊本又陆续插入征辽、王庆、田虎的情节，版本错综复杂，兹不赘述。到万历后期，书商袁无涯和文学家冯梦龙刊印了一百二十回本《忠义水浒全传》。清初金圣叹将招安部分删去，只保存七十一回，加以润色、评点，流传甚广，称为"腰斩水浒传"。

思考与练习

一、阅读《三国演义》"赤壁之战"部分的内容，以小组为单位，模拟"舌战群儒"的场景，大家举行一场擂台赛，要明确辩论模拟的时间、人员、环境等条件。

二、读了选文《单刀赴会》后，如果你作为东吴方面的参谋，在鲁肃谋划这次会见之前，要做哪些准备工作来应对可能出现的状况？与小组同学讨论后，不改变故事发生背景，再上演一次。

三、在选文基础上，阅读原著中林冲、武松、杨志、燕青、时迁五人的故事，整理他们的履历，看看他们上梁山的原因有什么相同和不同之处。

四、阅读选文《宋江题反诗》，如果你是戴宗，那天正与宋江在浔阳楼上饮酒，请你为他的诗词作几处修改，使他免于黄文炳的陷害，试试看。

五、《三国志通俗演义》和《水浒》有共同的写定者，你在阅读的时候能否发现两部小说中某些人物形象有相似处，对此谈谈你的看法。

第三单元

以小见大的文章
——明代小品文

单元导读

　　我们知道，有一种曲艺形式叫做"小品"，两三个演员，几件道具，十几分钟，就可以演绎一段让人捧腹大笑又有些心领神会的故事。这种表演十分经济，不需要大费周章，却能够迅速地使观众入戏，感受到小品本身蕴含的喜怒哀乐。我们由此可以看到，小品的特点就在于短小精悍而内涵丰富。同样，我们会发现有些文章也具有类似的特点，篇幅不长，通常只有几百字甚至几十字，但是读完之后却觉得似乎比读那些长篇累牍的文字还要有回味，还要惊心动魄、记忆深刻，这样的文章就叫做小品文。如果说长篇大论是屋内华美的屏风，那么小品文就是书案上触手可及的精致摆件，它们小巧玲珑，各具情态，轻松随性，尽显率真。也就是因为其小，所以可以随手把玩，反复摩挲，在短小之中有时竟能读出韵外之致。

　　去过北京故宫的人，想必会对乾隆帝居住过的养心殿三希堂有些印象吧，可以想象，这位政务缠身的君主会在宝贵的空闲时间，于此斗室内展玩他丰富的书画器物收藏，也许在那一刻，他不再是乾隆帝，而仅仅是一个懂得休闲的人。读小品文正是如此，不像读古文那样，须正襟危坐，端庄严谨，而是可以闲卧窗下，一缕阳光，一壶清茶，一本小书，方寸之间而驰骋于千里之外，犹堪品茗幽思。偶至会心处则起舞狂吟，想见古人面目。这是因为小品文是纯粹的心灵抒写，它没有"载道"的大志，却有真实的力量。

　　小品文在明代尤其是晚明有过一个较为鼎盛的时期，这一方面和继承历史传统有关，无论是先秦的诸子散文，还是像《世说新语》那样的笔记小说，乃至晚唐时期的杂文，宋人的笔记尺牍，都是明代文人取法的对象；另一方面，社会生活的丰富，生活方式的多样化，经济发展带来的思想变革等都使文人在传统儒学的范围内，更注重个性的展现、"性灵"的抒发和趣味的追求，更关注过去文人或没有、或不屑于关注的内容，有些甚至越出了正统思想的边界。因此，读明代的小品文，我们往往会有出其不意的感动和惊讶，它们为我们展现了更为真实的文人自身及其生活。

小品文可谓包罗万象，从通常的体裁上分，大致有以下几种类型：

第一，论说杂文，常常借记事来说理，如吴从先的《赏心乐事》等；

第二，序跋，往往依托某一部作品来抒发自己的看法，如王世贞的《题沈启南书画》等；

第三，记传，主要分游记和传记两类，如谭元春的《再游乌龙潭记》等；

第四，尺牍，书信绝大多数属于私人空间，因而更加随性，如徐渭的《与季子微》等。

选文部分

东坡在海南①

陆树声

> 被贬海南，本是郁闷之事，苏轼此行实已做好终老的准备。海鲜味美，却非亲到天涯海角者所不能享用，东坡的洒脱和善良可见一斑。

东坡在海南②，食蚝③而美，贻书叔党曰④："无令中朝⑤士大夫知，恐争谋南徙，以分此味。"使士大夫而乐南徙，则忌公者不令公此行矣。或谓东坡此言，以贤君子望人⑥。

①选自《清暑笔谈》。　②东坡在海南：公元1097年，苏轼被贬儋州（今海南省）。　③蚝（háo）：牡蛎，一种贝壳类海鲜。　④贻：赠送，这里是寄送的意思。叔党：苏轼的小儿子苏过，"叔党"是他的字，号斜川居士。　⑤中朝：指朝廷中。　⑥这句话的意思是：（苏轼）把别人都想成好人，其实别人并不会因为海鲜就来海南。

一市人贫甚①

江盈科

一个穷商人有如此生意经，可见当时社会风气。然而想入非非，终究当不得饭吃，碰上较真的，连本也寻不回来。现代人喜欢讲规划蓝图，不过时时想想是不是有那么点"妄心"在，也不无裨益罢。

一市人②贫甚，朝不谋夕。偶一日拾得一鸡卵，喜而告其妻曰："我有家当③矣。"妻问安在，持卵示之，曰："此是。然须十年，家当乃就。"因与妻计曰："我持此卵，借邻人伏鸡乳之④，待彼雏成，就中取一雌者，归而生卵，一月可得十五鸡，两年之内，鸡又生鸡，可得鸡三百，堪易十金⑤。我以十金易五牸⑥，牸复生牸，三年可得二十五牛。牸所生者，又复生牸，三年可得百五十牛，堪易三百金矣。吾持此金举债⑦，三年间，半千金可得也。就中以三之二市⑧田宅，以三之一市僮仆，买小妻。我乃与尔优游以终余年，不亦快乎？"妻闻欲买小妻，怫然大怒，以手击卵，碎之，曰："毋⑨留祸种！"夫怒，挞⑩其妻。

乃质⑪于官，曰："立败我家⑫者，此恶妇也，请诛之。"官司问："家何在？败何状？"其人历数自鸡卵起，至小妻止。官司曰："如许大⑬家当，坏于恶妇一拳，真可诛。"命烹之。妻号曰："夫所

---

①选自《雪涛小说》。　②市人：小商贩。　③家当（dàng）：产业。　④这句话的意思是：借邻居家孵蛋的母鸡孵化这枚鸡蛋。伏鸡，孵卵的母鸡。乳，孵化。　⑤这句话的意思是：能换得十金。堪，能。　⑥牸（zì）：母牛。　⑦举债：放债。　⑧市：购买。　⑨毋（wú）：否定副词，不要。　⑩挞：打。　⑪质：评理。　⑫家：这里是家业的意思。　⑬如许大：这么大。

言皆未然事，奈何见烹①？"官司曰："你夫言买妾，亦未然事，奈何见妒？"妇曰："固然②，第③除祸欲早耳。"官司笑而释之。

《岩栖幽事》三则

吴从先

> 久徘徊于尘世间，不知错过了多少闲情逸致，文人自有文人的消闲方式，自不必以酸腐相讥。其实在现代城市久居的我们，扪心自问，当读到如下文字，谁会不起向往之情呢？——尽管可能只是一刹那间。

其一

香令人幽，酒令人远，石令人隽④，琴令人寂，茶令人爽，竹令人冷，月令人孤，棋令人闲，杖令人轻，水令人空，雪令人旷⑤，剑令人悲，蒲团令人枯⑥，美人令人怜，僧人令人淡，花令人韵⑦，金石鼎彝⑧令人古。

其二

箕居于斑竹⑨林中，徙倚⑩于青石几上，所有道笈梵书⑪，或校雠⑫四五字，或参讽⑬一两章。茶不甚精，壶亦不燥；香不甚良，灰

---

①这句话的意思是：他说的都是尚未实现的事情，为什么我要被烹杀？奈何，为什么。　②固然：确实如此。　③第：表轻微转折，只是。　④隽（juàn）：意味悠长。　⑤旷：这里指心境明朗。　⑥枯：这里是内心空廓的意思。　⑦韵：有韵致。　⑧彝：古代礼器，这里当指古玩器物。　⑨斑竹：即湘妃竹，一种表面有紫褐色斑点的竹子。　⑩徙倚：徘徊，这里有随处赏玩的意思。　⑪道笈梵书：指道家、佛家经典。　⑫校雠（jiào chóu）：纠正书中的错字。　⑬参讽：体悟朗诵。

亦不死；短琴无曲而有弦，长讴[1]无腔而有音；激气发于林樾[2]，好风送之水涯。若非羲皇[3]以上，定亦嵇阮[4]之间。

其三

住山须一小舟，朱栏碧幄[5]，明棂[6]短帆，舟中杂置图史鼎彝，酒浆荈[7]脯。近则峰泖[8]而止，远则北至京口[9]，南至钱塘而止。风利道便，移访故人[10]，有见留者，不妨一夜话、十日饮。遇佳山水处，或高僧野人[11]之庐，竹树蒙茸[12]，草花映带，幅巾杖履，相对夷然[13]。至于风光淡淡，水月空清，铁笛一声，素鸥欲舞。斯也避喧谢客[14]之一策也。

---

①讴：歌唱。　②林樾（yuè）：树林。　③羲皇：即伏羲氏，这里指上古无忧无虑的时期。　④嵇阮：即嵇康和阮籍，魏晋"竹林七贤"的核心成员。　⑤幄：帷幕。　⑥棂（líng）：窗格。　⑦荈（chuǎn）：茶。　⑧峰泖（mǎo）：指今上海市松江地区。　⑨京口：今江苏省镇江市。　⑩故人：老朋友。　⑪野人：这里指隐士。　⑫蒙茸：草木茂盛的样子。　⑬夷然：平静的样子。　⑭避喧谢客：躲避喧嚣，谢绝客人。

读史宜映雪①

吴从先

读书有为功利，有为自娱，前者大约即所谓苦读吧，而后者想必才是乐事，因而此条作者原题作"赏心乐事"。虽然不乏幻想，但是试想其事，的确是让人快乐的。

读史宜映雪，以莹玄鉴②。读子③宜伴月，以寄远神。读佛书宜对美人，以挽堕空④。读《山海经》《水经》、丛书、小史，宜倚疏花瘦竹、冷石寒苔，以收无垠之游而约缥缈之论。读忠烈传宜吹笙鼓瑟以扬芳，读奸佞论宜击剑捉酒以销愤。读《骚》宜空山悲号，可以惊蛰；读赋宜纵水狂呼，可以旋风。读诗词宜歌童按拍，读神鬼杂灵⑤宜烧烛破幽。他则遇境既殊，标韵⑥不一。

纪 异

袁宏道

异事本在真假之间，参透了反无趣味。孔子不语"怪力乱神"，现代人喜欢事事尽付科学裁之，有时未必都对。

余至齐云⑦，闻道士有言鬼朝奉⑧者，问其故，道士云："某乡

---

①选自《小窗自纪》。　②这句话的意思是：（用雪）来照亮高明的见解。　③子：指诸子百家的作品。④这句话的意思是：（让引发尘世之望的美人）来挽救堕入佛家"皆空"思想的倾向。　⑤神鬼杂灵：指鬼怪玄幻故事。　⑥标韵：风韵。　⑦齐云：在今安徽省黄山市。　⑧朝奉：本是官名，这里指富人。

某孕妇死，埋某处。每夕抱一儿向市上乞食，有识之者曰：'此某人妇，死半岁矣。'以故①语夫，夫随开棺验之，见一儿卧妇旁，气息微温，因取养之，今年四十余，家累万金。"余问徽人，徽人皆曰："此近事，其人可召而致。"此与《汴京勾异》所载绝相类。乃知古今怪事，亦有同者，天下事安可尽与儒者道哉？

山居杂记

袁宏道

人有时忙到非得些许小病而不得闲，也真是可叹可感了。只是这样娴静的山居生活，何必非要到病中去享受呢？

病中无事，客亦不来。饭后散步城头，俯仰②景色，应接不暇。轻云远去，数鸟徐来，人声四聚，笑语非明。一目两山，条枝可数；步倦归来，又月色溶溶③矣。胸次④悠然，乃从而歌之。歌曰："世情贫自少，岁月病偏多。倚栏看明月，盈盈上石坡。"南邻好友闻余之歌，乃步月就余⑤，促膝倾谈，夜分⑥而去。此亦因病得闲之一乐也。

①以故：因此。　②俯仰：此处指欣赏。　③溶溶：皎洁的样子。　④胸次：胸中。　⑤这句话的意思是：（朋友）于是在月光映照下走来看望我。　⑥夜分：半夜。

河豚有毒而味美①

范 濂

拼死吃河豚，至今如此。时人却不知为何炼就了钢铁之躯，不惧河豚之毒。古人总有每况愈下的文化幻觉，加之国势日颓，难免借此喻彼。

河豚有毒而味美，昔人所以有"直得一死"之说。上海②最尚此品，而郡中③用者绝少，故淡水河豚，渔人得之，皆弃去。万历④以来，河豚称海味第一，而竞食海河豚，即淡水河豚亦食。郡中遂有煮河豚店，且初食时，人犹畏毒，或露天煮，或张盖煮，或加甘蔗解之，或银器试其毒。而鸡犬有食河豚子者，辄⑤死。近年，煮河豚如煮肉，绝无忌惮。即鸡犬厌饫⑥其子，更觉精神。乃知輓世⑦人物肠胃皆毒如虺蜴⑧，非河豚所能伤也。

《长物志》三则

文震亨

生活的精致化，当然需要一定的经济实力，但更多的还在于精神空间对雅的追求。草木花鸟，皆可为山林；笔墨几案，各能有寄托。

---

①选自《云间据目抄》。　　②上海：指明代松江府上海县。　　③郡中：指松江府府治所在地区。
④万历：明神宗朱翊钧的年号（1573—1619）。　　⑤辄：就，立即。　　⑥厌饫（yàn yù）：饱食。
⑦輓世：即"晚世"，指一个王朝的最后时期，作者认为当时国势日下，有晚世的感觉。　　⑧虺蜴（huǐ yì）：
毒蛇和蜥蜴，指毒物。

其一

水仙二种，花高叶短，单瓣者佳。冬月宜多植，但其性不耐寒，取极佳者移盆盎①，置几案间。次者杂植②松竹之下，或古梅奇石间，更雅。冯夷③服花八石，得为水仙，其名最雅，六朝人乃呼为"雅蒜"，大可轩渠④。

其二

地屏⑤天花板虽俗，然卧室取干燥，用之亦可，第⑥不可彩画及油漆耳。面南设卧榻一，榻后别留半室，人所不至，以置薰笼、衣架、盥匜⑦、厢奁⑧、书灯之属。榻前仅置一小几，不设一物，小方杌⑨二，小橱一，以置香药、玩器。室中精洁雅素，一涉绚丽，便如闺阁中⑩，非幽人⑪眠云梦月所宜矣。更须穴壁一，贴为壁床，以供连床夜话，下用抽替⑫以置履袜。庭中亦不须多植花木，第取异种宜秘惜者⑬，置一株于中，更以灵璧英石⑭伴之。

---

①盆盎（àng）：这里泛指盛器。 　②杂植：混栽。 　③冯（píng）夷：河伯的名字。 　④轩渠：欢笑。
⑤地屏：地面装饰的统称。 　⑥第：只是。 　⑦盥匜（guàn yí）：指盥洗用具。 　⑧厢奁（lián）：都指箱子。厢，通"箱"，箱子。 　⑨杌（wù）：小凳子。 　⑩这两句话的意思是：一旦陈设太过精致美丽，就会显得像女性的住房。 　⑪幽人：这里指趣味高雅的隐士。 　⑫抽替：即抽屉。 　⑬这两句话的意思是：庭院中也不必多种花木，只需选取那些值得收藏、秘不示人、倍加珍惜的奇异品种。
⑭灵璧英石：两种名石。灵璧石，出安徽灵璧县。英石，出广东英德县。

江西民俗勤俭[1]

陆 容

> 勤俭节约如此，现在人大概要嘲笑的吧。不过，古代的很多时候，丰衣足食不过是人们过年时美好的祝愿而已，明乎此，勤俭大约不但是一种美德，更是生存的必须了。

江西民俗勤俭，每事各有节制[2]之法，然亦各有一名。如吃饭，先一碗不许吃菜，第二碗才以菜助之，名曰"斋打底"。馔品[3]好买猪杂脏，名曰"狗静坐"，以其无骨可遗也。劝酒果品，以木雕刻彩色饰之，中惟时果[4]一品可食，名曰"子孙果盒"。献神牲品，赁[5]于食店，献毕还之，名曰"人没分"。节俭至此，可谓极矣。学生读书，人各独坐一木榻，不许设长凳，恐其睡也，名曰"没得睡"，此法可取。

题沈启南书画（节选）

王世贞

> 艺术具有共通性，文人其实在书法、绘画、园林等方面都能触类旁通。作者欣赏这幅不同凡响的画作时，一定为画作者的妙笔所折服，读来也惊心动魄。

---

①选自《菽园杂记》。　②节制：这里是节约的意思。　③馔（zhuàn）品：即菜品。　④时果：指应季的水果。　⑤赁（lìn）：租借。

白石翁①生平相交，独吴文定公②，而所图以赠文定行者，卷几③五丈许，凡三年而始就。草树、水石、桥道，无一笔不自古人，而以胸中一派天机发之。千奇万怪，种种有真理。至于气晕神采，触眼若新，落墨皴④点，了绝⑤蹊径。予所阅此老画多矣，无有如此者。令黄鹤山樵⑥、梅道人⑦见之，却走三舍；董北苑⑧、僧巨然⑨，当惊而啼曰："此子出蓝⑩，掩吾名矣！"望赏者亦以予为知言否？

姚元素《黄山记》引

黄汝亨

"驴友"游山归来，自然少不了写"攻略"，看看彼此路线、时机、眼光的不同。心怀山林之人，在别人的文字里看到自己错过的精彩，不也是很快乐的吗？

我辈看名山，如看美人。颦⑪笑不同情，修约⑫不同体，坐卧徙倚不同境，其状千变。山色之落眼光亦尔，其至者不容言也⑬。庚戌⑭春晚，予游黄山，有记，自谓三十六峰⑮之美略尽。而元素后予往，以秋月，所为记简而整，有与不同者，取境使然。海子、

---

①白石翁：明代画家沈周的号，沈周字启南。　②吴文定公：即吴宽，字原博，号匏庵，谥文定。因为谥号是一定地位的人去世后官方赠予的称号，因此写作此文时吴宽已经去世。　③几：几乎，接近。　④皴（cūn）：中国传统绘画的技法之一，通过突出物体纹理和阴阳关系来呈现对象。　⑤了绝：本义指灭尽，这里意思是不落常规套路。　⑥黄鹤山樵：元代画家王蒙的号。　⑦梅道人：元代画家吴镇的号。　⑧董北苑：五代南唐画家董源，曾任北苑副使，故称。　⑨僧巨然：五代北宋间画家，师法董源。巨然前加"僧"，表示是一位僧人。　⑩出蓝：即青出于蓝，指弟子超越老师。　⑪颦（pín）：皱眉。　⑫修约：长短，这里是说身材不同。修，长。约，短。　⑬这几句话的意思是：欣赏山中景致和欣赏美人一样，每个人都会从不同角度看出不同的地方来，山景的绝佳处往往难以言表。　⑭庚戌：明代万历三十八年（1610）。　⑮三十六峰：黄山较为著名的山峰有三十六处，这里代指整个黄山景区。

光明顶上，元素独饶取^①，而予所快览丹台^②之云气，与石笋上下之峰幻，元素不尽也。虽然^③，亦各言其美也已。夫美人入宫见妒，而吾辈入山岂相妒耶？书之发览者一笑。

题冷云^④册

袁宏道

酷暑思纳凉，而于其中竟可参禅悟道，也算是触景生情，方便法门吧。

秋后暑甚，与诸衲^⑤纳凉碧醋楼下。楼周遭皆水，柳阴甚浓，而热犹不止，令两童子扇，汗出如雨。顷之，云泼墨自西来，暴雨

①饶取：从容取得，指慢慢欣赏。　②丹台：黄山炼丹峰下，相传浮丘公为黄帝炼丹于此，故称。　③虽然：虽然这样。　④冷云：作者的僧人朋友。作者曾有七律《入德山舟中偕寒灰、冷云、雪照诸衲子及云影居士月中有述》。　⑤诸衲（nà）：几位僧人。

如瀑，猛风随之，神思方快①。而冷云持卷索参禅秘诀。余曰："热不极，雨不至；雨不至，炎不解。子亦有热于中，有酷暑之思避，避而不可得者乎？少顷，女风②在枝头，雨候至矣③。"

游惠山记

袁宏道

久困书斋，无甚可读，便想靠旅游来排解内心的无聊和郁闷，这种感觉，想必古今并无不同。

余性疏脱④，不耐羁锁，不幸犯东坡、半山⑤之癖，每杜门⑥一日，举身如坐热炉。以故虽霜天黑月，纷厖⑦冗杂，意未尝一刻不在宾客山水。余既病痊，居锡城⑧，门绝履迹⑨，尽日惟以读书为事。然书浅易者既不足观，艰深者观之复不快人。其他如《史记》、杜诗、《水浒传》、元人杂剧畅心之书，又皆素所属厌⑩。且病余之人，精神眼力几何，焉能兀兀⑪长手一编？邻有朱叟者，善说书，与俗说绝异，听之令人脾健。每看书之暇，则令朱叟登堂，娓娓万言不绝，然久听亦易厌。

余语方子公⑫，此时天气稍暖，登临最佳，而此地去惠山最

①神思方快：精神正感到畅快。　②女风：微风。　③这几句话的意思是：参禅不可强求，应随顺自然，正如酷暑之际，百般避暑却不能，待暴雨一来，清凉不求而得。　④疏脱：放达，少拘束。　⑤半山：王安石的号。　⑥杜门：闭门，即在家不外出。　⑦纷厖（máng）：纷乱庞杂。　⑧锡城：即今江苏省无锡市。　⑨门绝履迹：门前没有鞋印，指没有客人往来。　⑩属厌：饱览，指读过很多遍。　⑪兀兀：勤奋的样子。　⑫方子公：即方文僎（zhuàn），"子公"是他的字，明代河南新安人，作者的友人。

近。因呼小舟，载儿子开①与俱行。茶铛②未热，已至山下。山中僧房极精邃，周回曲折，窈若深洞，秋声阁远眺尤佳。眼目之昏瞆，心脾之困结，一时遣尽。流连阁中，信宿③始去。始知真愈病者，无逾山水，西湖之兴，至是益勃勃矣④。

湘　湖

袁宏道

西湖的名声太大，以致一江之隔的萧山湘湖一直默默无闻，殊不知美味的莼菜，尤其是那引得无数文人向往的张翰所思之莼，却与湘湖有关。一种小食，一方水泊，无处不与历史典故有着千丝万缕的联系。

　　萧山樱桃、鴽鸟⑤、莼菜皆知名，而莼尤美。莼采自西湖，浸湘湖一宿然后佳。若浸他湖便无味。浸处亦无多地，方圆仅得数十丈许。其根如符，其叶微类初出水荷钱，其枝丫如珊瑚而细，又如鹿角菜⑥。其冻如冰，如白胶，附枝叶间，清液泠泠⑦欲滴。其味香粹滑柔，略如鱼髓蟹脂，而清轻⑧远胜。半日而味变，一日而味尽，比之荔枝，尤觉娇脆矣。其品可以宠莲嬖藕⑨，无得当者，惟花中之兰，果中之杨梅，可异类作配耳。惜乎此物东不逾绍，西不过钱塘江，不能远去，以故世无知者。余往仕吴，问吴人："张翰

①儿子开：此文作于万历二十五年（1597），此子当为其长子，名开美，时七岁，但开美不幸次年即夭折。　②茶铛（chēng）：煎茶用的铁锅。　③信宿：连住两个晚上。　④这几句话的意思是：（我）才明白真正能治愈疾病的，没有能超过山水的，游览西湖的兴致，至此更加强烈了。　⑤鴽鸟：未详。　⑥鹿角菜：一种藻类，因分叉如鹿角得名。　⑦泠泠（líng líng）：清凉的样子。⑧清轻：这里指口味清淡。　⑨这句话的意思是：莼菜的鲜脆超过莲子和藕。

新编中华文化基础教材·第十四册

莼①作何状?"吴人无以对。果若尔,季鹰弃官,不为折本矣。然莼以春暮生,入夏数日而尽,秋风鲈鱼,将无非是?抑千里湖中别有一种莼耶②?

湘湖在萧山城外,四匝皆山。余游时正值湖水为渔者所盗③,湖面甚狭,行数里,即返舟。同行陶公望、王静虚,旧向余夸湘湖者,皆大惭失望。

孤 山

袁宏道

略有薄产而又有家室的人,说些羡慕梅妻鹤子、了无牵挂的话,总让人疑心有些矫情。不过孤山美景前,也许人人都少不了向林和靖致意吧。

---

①张翰莼:东晋的张翰(字季鹰)因秋风起,思念家乡吴郡(即今苏州地区)的莼菜和鲈鱼,弃官归隐。
②这几句话的意思是:莼菜一般在暮春时节生长,入夏后几天就没有了,张翰所思念的秋天的鲈鱼和莼菜羹恐怕不对,抑或千里湖中还长着另一种莼菜?将无,莫非。千里湖,一般认为在今江苏省常州市溧阳。　③盗:侵蚀。

孤山处士，妻梅子鹤，是世间第一种便宜人。我辈只为有了妻子①，便惹许多闲事，撇之不得，傍之可厌，如衣败絮行荆棘中，步步牵挂。近日，雷峰下有虞僧孺，亦无妻室，殆是孤山后身。所著《溪上落花诗》，虽不知于和靖②如何，然一夜得百五十首，可谓迅捷之极。至于食淡参禅，则又加孤山一等矣，何代无奇人哉！

天　姥

王思任

读诗书而想见其景，神往而又访之，可谓一种痴情。李白的《梦游天姥吟留别》本意不在写山，但依然把天姥山写得令人神往，引得后人纷至沓来。可是当人们真的看到了，又觉得不过如此，不免失望，甚至后悔。

从南明入台③，山如剥笋根，又如旋螺顶，渐深遂渐上。过桃墅④，溪鸣树舞，白云绿坳，略有人间。饭班竹岭⑤，酒家胡当垆，艳甚⑥，桃花流水，胡麻正香，不意老山之中有此嫩妇。过会墅，入太平庵看竹，俱汲桶大⑦，碧骨雨寒，而毛叶离𪕏⑧，不啻云凤之尾⑨。使吾家林得百十本，逃帻去裈⑩其下，自不来俗物败人意也。行十里，望见天姥峰大丹郁起，至则野佛无家，化为废地，荒

①妻子：这里指妻子和孩子。　②和靖：即上文所说"孤山处士"，北宋林逋，未出仕，去世后宋仁宗特地赐给谥号"和靖"。　③南明：今浙江省新昌县。台（tāi）：即台州，在新昌以南。　④桃墅：即桃墅坞，也在新昌境内，与刘晨、阮肇入天台山遇仙的传说有关。　⑤这句话的意思是：在班竹岭吃饭。班竹岭，在新昌境内，在天姥山东北方。　⑥这两句话的意思是：酒家的女主人亲自招待，而且长得非常漂亮。　⑦俱汲桶大：都像打水的桶那样粗。　⑧离𪕏（xǐ）：指竹叶的形状像羽毛濡湿后粘合的样子。　⑨这句话的意思是：（竹叶）如同凤凰之尾。不啻（chì），如同。云凤，凤凰。　⑩逃帻去裈（kūn）：脱去头巾，不穿外裤，这里是归隐之意。

烟迷草，断碣难扪①。农僧见人辄缩，不识李太白为何物，安可在痴人前说梦乎？山是桐柏②门户，所谓"半壁见海""空中闻鸡"③，疑意其颠。上至石扇洞天，青崖白鹿，葛洪丹丘，俱在明昧之际。不知供奉④何以神往？天台如天姥者，仅当儿孙内一魁父，焉能"势拔五岳掩赤城"耶⑤？山灵有力，夤缘⑥入供奉之梦，一梦而吟，一吟而天姥与天台遂争伯仲席。嗟呼！山哉！天哉！

湘 湖

张 岱

> 袁宏道看中湘湖的出产，而张岱则钟情其"奇峭"，总之当时的湘湖淤塞狭窄，与西湖不可同日而语。但也因为光环不多，这里静谧幽深，如今疏浚修葺一新的湘湖，等待游人品评。

西湖，田也而湖之⑦，成湖焉；湘湖，亦田也而湖之，不成湖焉。湖⑧西湖者，坡公⑨也，有意于湖而湖之者也；湖湘湖者，任长者也，不愿湖而湖之者也。任长者有湘湖田数百顷，称巨富。有术者相其一夜而贫，不信⑩。县官请湖湘湖，灌萧山⑪田，诏湖之，而长者之田一夜失，遂赤贫如术者言。今虽湖，尚田也，不

---

①这几句话的意思是：远远望见天姥山上红墙高耸，到了才发现寺院已荒废，佛像无人管理，四处烟雾弥漫，草色迷离，连残存的断碑都难得一见。碣（jié），石碑。扪（mén），抚摸，这里是辨字读碑的意思。　②桐柏：桐柏宫，在天台县境内。　③这两句都是李白《梦游天姥吟留别》中的句子。　④供奉：李白曾供奉翰林，故称。　⑤这几句话的意思是：从实景看，天台山仅仅是天台群山中的一个小丘而已，怎么会被李白描绘成如此雄壮？魁父，小丘。　⑥夤（yín）缘：攀附。　⑦这句话的意思是：西湖作为灌溉农田的水利设施，原本淤塞，后经过疏浚而成为湖。　⑧湖：使……疏浚成湖。　⑨坡公：指苏轼，他号东坡居士，故称。　⑩这两句话的意思是：有术士为任长者看相，预言他一夜之间变穷，他不相信。　⑪萧山：今浙江省杭州市萧山区。

下插板①，不筑堰②，则水立涸。是以湖中水道，非熟于湖者不能行咫尺。游湖者坚③欲去，必寻湖中小船与湖中识水道之人，溯十阨④三，鲠咽⑤不之畅焉。湖里外锁以桥，里湖愈佳。盖西湖止一湖心亭为眼中黑子，湘湖皆小阜⑥、小墩⑦、小山，乱插水面；四围山趾，棱棱砺砺，濡足入水，尤为奇峭⑧。

余谓西湖为名妓，人人得而媟亵⑨之；鉴湖⑩如闺秀，可钦而不可狎；湘湖如处子，视娗⑪羞涩，犹及见其未嫁时也。此是定评，确不可易。

彭天锡串戏⑫

张岱

> 艺术的妙处往往在于口不能言，这位想必是当日戏曲界的"大腕"，让作者为之倾心不已，只觉得世上本不该有此等人。

彭天锡串戏妙天下，然出出皆有传头⑬，未尝一字杜撰。曾以一出戏，延其人至家，费数十金者，家业十万缘手而尽⑭。三春多在西湖，曾五至绍兴，到余家串戏五六十场，而穷其技不尽。天锡多扮丑净，千古之奸雄佞幸⑮，经天锡之心肝而愈狠，借天锡之面

新编中华文化基础教材·第十四册

①插板：这里指阻水外泄的板。　②堰（yàn）：拦水的堤坝。　③坚：一定，坚决。　④阨（è）：阻塞。　⑤鲠咽：这里指湖中要道处被堵塞。　⑥阜（fù）：土山。　⑦墩（dūn）：土堆。　⑧这几句话的意思是：四周群山的山脚，层层叠叠，颇有棱角，山脚都浸入湖水之中，显得尤其奇特峻峭。　⑨媟亵（xiè xiè）：过分亲昵，轻薄。　⑩鉴湖：在今浙江省绍兴市。　⑪娗（tǐng）：美好。　⑫彭天锡：明末江苏金坛人，著名的昆曲净角。串戏：即演戏。　⑬传头：继承传承的渊源。　⑭这几句话的意思是：（他）曾经为了学一出戏，将师傅请到家中请教，家财都花完了。　⑮佞（nìng）幸：靠谄媚博取君王欢心的小人。

目而愈刁，出天锡之口角而愈险。设身处地，恐纣之恶不如是之甚也^①。皱眉视眼，实实腹中有剑，笑里有刀，鬼气杀机，阴森可畏。盖天锡一肚皮书史，一肚皮山川，一肚皮机械，一肚皮礌砢^②不平之气，无地发泄，特于是发泄之耳。余尝见一出好戏，恨不得法锦^③包裹，传之不朽；尝比之天上一夜好月，与得火候一杯好茶，只可供一刻受用，其实珍惜之不尽也。桓子野^④见山水佳处，辄呼"奈何！奈何！"真有无可奈何者，口说不出。

与季子微^⑤

徐渭

> 狂狷如徐渭者，晚年境遇不堪，也不由得透露出些许凄凉和无奈，只得以冥冥之境填补那份孤独。

不见者忽已三岁。亲旧渐凋落，事变百出，如布帛在染匠手，青红皂白，反掌而更^⑥。即如渭者，昨一病几死，病中复多异境，不食者五旬，而不饥不渴，又值三伏酷炎中也。欲与知己言，回头无人，奈何！

---

①这句话的意思是：（彭天锡的演技高妙，使人觉得）商纣王恐怕未必坏到了这样的地步。这里化用了《论语》中子夏的话"桀纣之无道，不若是甚，居下流而众恶归之"，意思是彭天锡把坏人演活了，比真实的坏人还像坏人。　②礌砢（lěi luǒ）：众多的样子。　③法锦：也叫古刺锦，一种西南地区出产的丝织品，这里意思是希望能够珍藏起来。　④桓子野：东晋桓伊，小字子野，事见《世说新语》。这里是说，美好的艺术感受往往难以保留，让人无比遗憾。　⑤季子微：作者老师季本的儿子。　⑥这几句话的意思是：亲人朋友逐渐谢世，人事多变，好像布帛到了染匠手里，青红黑白，反掌之间就能改变。

与男宗典宗昌

姚希孟

应试作文不得不学，不得不写，但是只会写这样的文章却绝非为文之道。在这封类似家训的书信里，父亲谆谆告诫两个正欲发愤学习作文的儿子，要有开阔的眼界和深厚的积累，辅以灵感，方能有好文章。

前见来书，知两儿俱有发愤下帷①之志，我心甚慰。春日正长，风光韶丽②，乃少年笔底生花之日，不可不十分努力。况有名师朝夕相对，残膏剩馥③，拾掇不尽，但要自家取益耳。

读古书是才人活计，又须善读善用，只要勘破④书旨，打开心胸，玲珑活泼，纵横自在。遇兴到神来之境，自有天然古文，凑泊⑤笔端，不求古而自古，不求新而自新——此文章正诀也。

至于古今大圣贤豪杰快意之事与治乱兴衰之要，则读书人不可不知。吾每见朋友自八股⑥而外，他无所知，心甚鄙之。为吾儿者，不可效他人，做一寡时文秀才也。至嘱⑦至嘱。

---

①下帷：闭门读书。　②韶（sháo）丽：美好，艳丽。　③残膏剩馥：这里指古书中留下的好东西。④勘破：即看破，这里指洞悉。　⑤凑泊：聚集，凝结。　⑥八股：即明清科举考试的应试文章八股文，又称时文、制艺。　⑦至嘱：书信套语，即十分恳切的嘱咐。

新编中华文化基础教材·第十四册

文史知识

尺　牍

　　尺牍一般来说就是指私人信件，根据这个名字，人们推测，古代用以写信的竹简长为一尺。这一点在考古发现中得到部分证实。尺牍和另一种书信门类"书"不同，它的篇幅一般较短，内容多为日常起居、琐事、抒怀、寒暄等，不大涉及重大、严肃的问题。现在认为"尺牍"一词最早出现在《汉书·陈遵传》："与人尺牍，主皆藏去以为荣。"意思是，由于此人名声极大，因而给朋友寄去的信札都被珍藏起来。这里其实暗含了汉晋时期人们的习惯，就是尺牍的接收者直接在其后回答，直到竹帛或纸张用完，颇有点像现在电子化的短信。这种习惯开始大概是为了节约得之不易的书写材料。因此，当作者的人品或书法贵重时，对方会收藏尺牍而不在其后题写回信。《世说新语》中记载谢安自视甚高，不大收藏别人的尺牍，王献之的书法成就很高，自认为超过了乃父王羲之，大约谢安并不满意他的这种态度，因此不称许他的书法。王献之于是潜心创作尺牍，寄给谢安，以为他会收藏，没想到谢安还是直接在其后回信寄还，让他颇为尴尬。这样的趣事只是魏晋名士尺牍文化的一个缩影，事实上，魏晋士大夫普遍擅长书法，因而尺牍这样一种实用性很强的交流工具被赋予了文化艺术内涵。现存不少魏晋书法摹本和刻本，内容多为尺牍，因为人在放松的环境下往往能较好地抒发真实的艺术情怀，王羲之现存的摹本作品，几乎全部是尺牍，挥洒自如，自然流畅，绝非刻意为之所能。这可谓尺牍给予我们的意外收获。

　　正因为尺牍是一种私人性很强的作品，因此我们往往可以通过它来增进对一个人的全面了解。尺牍在古人文集中一般编辑在靠后的位置，但是从中我们却能够读到一个可能和其它作品里完全不一样的作者形象，至少也能为我们提供作者的其它侧面。

因此，我们在研究一个人的时候，如果有尺牍，不可不读。

晚明时期，文人强调抒发个性，对尺牍这种体裁日渐钟情，嬉笑怒骂，无所不有。而书商也与文人合作，广泛搜求名人尺牍，汇编成书，像《如面谭》《写心集》等都是。我们从这些书的名目就可知古人用心所在，读名人尺牍就像和他当面谈论一般，而尺牍的作者则会把内心最真实的一面展现在对方面前，尽管写作时他只是对某个固定的友人而发，但一旦刊刻出版，接受的对象就无限扩大了，而对这个人的理解也增添了许多可能性。这种行为一方面使我们得以一窥许多不为人知的细节，有时比读那些正经文章更觉亲切可感，但另一方面有时这等同于暴露隐私，古人已矣，若是今人，则可能引来不少麻烦。且一旦作者知道书信将公开，则写作时就会丧失天真自然。尺牍而至于瞻前顾后，字斟句酌，则价值必随之下降。

思考与练习

一、选文《〈岩栖幽事〉三则》中的第一则，是作者品味生活的经验之谈。我们现在的生活比古时有了很多进步，陪伴我们的东西也越来越多，越来越精致，请你仔细观察，仿照它的形式，把属于自己的真实感受写出来。

二、选文《河豚有毒而味美》是作者对家乡风俗的有趣记录，让我们得以知道几百年前上海地区的情况。你的家乡想必也有很多趣闻轶事，仿照作者的风格，用尽可能简练的语句写出来。

三、倘若你到了一地旅行，要给最好的朋友寄一张明信片，明信片上要简洁生动地把当地的景色和你的感受传递给对方，请你自己动手来设计这张明信片。可以参考选文《天姥》。

四、选择一种你最喜欢的食物，从各种渠道查阅资料，写一篇介绍该食物的短文，让读者能够了解它的来历、做法、口味等特征。

五、假设你因为一些小事和好友有些不愉快，你希望向他（她）道歉，却又不好意思当面说。正好有一个周末，你打算约他（她）去杭州西湖游玩，请你结合本单元选文写一封短信，把自己的歉意和西湖之行的想法告诉他（她）。

第四单元

神魔乱舞的人间
——《西游记》

单元导读

　　"你挑着担，我牵着马，迎来日出，送走晚霞。踏平坎坷，成大道，斗罢艰险，又出发，又出发。一番番春秋冬夏，你尝尝酸甜苦辣，敢问路在何方？路在脚下。"这是经典电视剧《西游记》的主题曲《敢问路在何方》的歌词，许多年来一提起它，就让人想起唐僧师徒西行取经、风餐露宿、降妖除魔最终取得真经、修成正果的传奇故事，更让我们想起孙悟空挥动如意金箍棒大闹天宫、自封齐天大圣的威风八面，后来保护唐僧西天取经，一路上力战智取、历经磨难，却忠心耿耿、持之以恒，终于大功告成，被封"斗战胜佛"的光辉历程。他的英雄身影无疑给我们以巨大的鼓舞和感动，已经成为我们记忆中一个永不磨灭的文化形象。

　　《西游记》故事的流传形式多种多样，很多人也许从来都没有看过《西游记》原著，却对相关题材的连环画、动画片、电影等如数家珍。尤其是对其中的绝对主角——孙悟空，许多人已经完全忘记了他仅仅是一个虚构的故事人物，而在现实生活中"爱屋及乌"地寻找起所谓花果山、水帘洞等的原型所在，甚至对电视剧中扮演此角色的特型演员倾心不已。这些都表明，尽管《西游记》是一部在明代写定的通俗小说，但是它的影响力却无远弗届，魅力至今不减。

　　今本《西游记》故事由两部分组成，前七回主要是孙悟空诞生、得道以及大闹天宫的情节，尽管与全本一百回的篇幅相比，连十分之一都不到，但是孙悟空的聪颖、无畏、戏谑乃至大闹天宫本身带有的强烈的离经叛道之精神，无不给我们带来一种生活中少有的快意和欣慰。大闹天宫尽管以孙悟空被如来佛祖收服并压在五行山下而告终，但它精彩纷呈，紧张刺激，具有一定独立性，因此20世纪60年代剪裁这一部分拍成动画片《大闹天宫》，在国际上也颇具影响。几百年来，也许无数读者都有一种感觉，这个原本主要叙述唐僧师徒四人经历"九九八十一难"取得真经的故事，似乎被前七回的光彩掩盖了不少。这既是艺术创作过程中的有趣现象，也是玄奘取经故事自唐代形成以来，几百年间读者不断选择的结果。

《西游记》故事或诙谐幽默，或戏谑讽刺，多用方言俗语，对世态人情的描摹较之其它通俗小说更甚，而它恰恰又写了大量神魔的形象，这两者的结合使这部作品更显得驳杂有趣。也许，当你读了原著之后会发现，在光怪陆离之下，涌动着的正是天真烂漫的人性。

本单元选文原文据上海古籍出版社1995年版《西游记》。

选文部分

齐天大圣

天宫的奢华威严，并没有使孙悟空慑服，但天宫自会用那套严密的官僚体制来糊弄人。观孙悟空养马，管理有方，成效显著，当是个有能力的官员。难怪当他得知自己日日辛苦其实只是个"不入流"时，便一气之下反去下界，当"齐天大圣"去了。

　　那太白金星^①与美猴王，同出了洞天深处，一齐驾云而起。原来悟空筋斗云比众不同，十分快疾，把个金星撇在脑后，先至南天门外。正欲收云前进，被增长天王^②领着庞、刘、苟、毕、邓、辛、张、陶，一路大力天丁，枪刀剑戟，挡住天门，不肯放进。猴王道："这个金星老儿，乃奸诈之徒！既请老孙，如何教人动刀动枪，阻塞门路？"正嚷间，金星倏到。悟空就觌面^③发狠道："你这老儿，怎么哄我？被你说奉玉帝招安旨意来请，却怎么教这些人阻住天

---

①太白金星：道教神祇，是金星的人格神，形象是一位长须老者，手执拂尘。　②增长（zhǎng）天王：佛教四大护法尊天王之一，形象通常显青色，穿铠甲，手持剑。　③觌（dí）面：当面。

门，不放老孙进去？"金星笑道："大王息怒。你自来未曾到此天堂，却又无名，众天丁又与你素不相识，他怎肯放你擅入？等如今见了天尊，授了仙箓①，注了官名，向后随你出入，谁复挡也？"悟空道："这等说，也罢，我不进去了。"金星又用手扯住道："你还同我进去。"

将近天门，金星高叫道："那天门天将，大小吏兵，放开路者。此乃下界仙人，我奉玉帝圣旨，宣他来也。"这增长天王与众天丁俱才敛兵退避。猴王始信其言。同金星缓步入里观看。真个是：

初登上界，乍入天堂。金光万道滚红霓，瑞气千条喷紫雾。只见那南天门，碧沉沉，琉璃造就；明幌幌，宝玉妆成。两边摆数十员镇天元帅，一员员顶梁靠柱，持铣拥旄②；四下列十数个金甲神人，一个个执戟悬鞭，持刀仗剑。外厢③犹可，入内惊人：里壁厢有几根大柱，柱上缠绕着金鳞耀日赤须龙；又有几座长桥，桥上盘旋着彩羽凌空丹顶凤。明霞幌幌映天光，碧雾蒙蒙遮斗口④。复道回廊，处处玲珑剔透；三檐四簇，层层龙凤翱翔。上面有个紫巍巍，明幌幌，圆丢丢，

---

①授了仙箓（lù）：这里是受封仙籍的意思。　②持铣（xiǎn）拥旄（máo）：手持黄金装饰的弓，手举牦牛尾做的旗帜。　③外厢：外面。下文"里壁厢"即里面。　④斗（dǒu）口：这里指建筑的斗拱部。

新编中华文化基础教材·第十四册

亮灼灼，大金葫芦顶；下面有天妃悬掌扇，玉女捧仙巾。恶狠狠，掌朝的天将；气昂昂，护驾的仙卿。正中间，琉璃盘内，放许多重重叠叠太乙丹①；玛瑙瓶中，插几枝弯弯曲曲珊瑚树。正是天宫异物般般有，世上如他件件无。金阙银銮并紫府，琪花瑶草暨②琼葩。朝王玉兔坛边过，参圣金乌着底飞。猴王有分来天境，不堕人间点污泥。

太白金星领着美猴王，到于灵霄殿外。不等宣诏，直至御前，朝上礼拜。悟空挺身在旁，且不朝礼，但侧耳以听金星启奏。金星奏道："臣领圣旨，已宣妖仙到了。"玉帝垂帘问曰："那个是妖仙？"悟空却才躬身答道："老孙便是！"仙卿们都大惊失色道："这个野猴！怎么不拜伏参见，辄敢这等答应道：'老孙便是！'却该死了，该死了！"玉帝传旨道："那孙悟空乃下界妖仙，初得人身，不知朝礼，且姑恕罪。"众仙卿叫声"谢恩！"猴王却才朝上唱个大喏③。玉帝宣文选武选仙卿，看那处少甚官职，着孙悟空去除授。旁边转过武曲星君，启奏道："天宫里各宫各殿，各方各处，都不少官，只是御马监缺个正堂管事。"玉帝传旨道："就除他做个'弼马温④'罢。"众臣叫谢恩，他也只朝上唱个大喏。玉帝又差木德星官⑤送他去御马监到任。

当时猴王欢欢喜喜，与木德星官径去到任。事毕，木德星官回宫。他在监里，会聚了监丞、监副、典簿、力士⑥，大小官员人

①太乙丹：道教中的一种仙丹。　　②暨（jì）：及。　　③唱个大喏（rě）：一种礼节，一边作揖，一边口中呼"喏"，如果大声呼喊则称"大喏"或"肥喏"。因为这种礼节不跪拜，因此这里用以表现孙悟空对天庭不敬。　　④弼马温：据说猴子能避免马的瘟疫，因此作者杜撰了这个官名。　　⑤木德星官：道教神祇，木星（岁星）的人格神，形象是戴星冠，穿红鞋，执玉简，悬宝剑。　　⑥典簿：元明清历代都在国子监等机构设此官，主要为处理文书，这里当是借用官名。力士：明代力士官主管皇帝车驾金鼓、旗帜及随从的事务，这里也是借用其名。

等，查明本监事务，止有天马千匹。……这猴王查看了文簿，点明了马数。本监中典簿管征备草料；力士官管刷洗马匹、扎草、饮水、煮料；监丞、监副辅佐催办；弼马昼夜不睡，滋养马匹。日间舞弄犹可，夜间看管殷勤：但是马睡的，赶起来吃草；走的，捉将来靠槽。那些天马见了他，泯耳攒蹄①，倒养得肉膘肥满。

不觉的半月有余。一朝闲暇，众监官都安排酒席，一则与他接风，二则与他贺喜。正在欢饮之间，猴王忽停杯问曰："我这'弼马温'是个甚么官衔？"众曰："官名就是此了。"又问："此官是个几品？"众道："没有品从。"猴王道："没品，想是大之极也。"众道："不大，不大，只唤做'未入流'。"猴王道："怎么叫做'未入流'？"众道："末等。这样官儿，最低最小，只可与他看马。似堂尊②到任之后，这等殷勤，喂得马肥，只落得道声'好'字；如稍有些尪羸③，还要见责；再十分伤损，还要罚赎问罪。"猴王闻此，不觉心头火起，咬牙大怒道："这般藐视老孙！老孙在花果山，称王称祖，怎么哄我来替他养马？养马者，乃后生小辈，下贱之役，岂是待我的？不做他，不做他，我将去也！"忽喇的一声，把公案推倒，耳中取出宝贝，幌一幌，碗来粗细，一路解数，直打出御马监，径至南天门。众天丁知他受了仙箓，乃是个弼马温，不敢阻当，让他打出天门去了。

须臾，按落云头，回至花果山上。只见那四健将与各洞妖王，在那里操演兵卒。这猴王厉声高叫道："小的们！老孙来了！"一

---

①泯耳攒（cuán）蹄：耳朵收拢，马蹄聚拢，这里指马匹对孙悟空非常服帖。泯，通"抿"，合拢。攒，聚拢。　②堂尊：明清时对知县的尊称，这里是众官吏用以尊称孙悟空。　③尪羸：指马匹瘦弱。

群猴都来叩头，迎接进洞天深处，请猴王高登宝位，一壁厢办酒接风都道："恭喜大王，上界去十数年，想必得意荣归也？"猴王道："我才半月有余，那里有十数年？"众猴道："大王，你在天上，不觉时辰。天上一日，就是下界一年哩。请问大王，官居何职？"猴王摇手道："不好说，不好说，活活的羞杀人！那玉帝不会用人，他见老孙这般模样，封我做个甚么'弼马温'，原来是与他养马，未入流品之类。我初到任时不知，只在御马监中顽耍。及今日问我同寮①，始知是这等卑贱。老孙心中大恼，推倒席面，不受官衔，因此走下来了。"众猴道："来得好！来得好！大王在这福地洞天之处为王，多少尊重快乐，怎么肯去与他做马夫？教小的们快办酒来，与大王释闷。"

正饮酒欢会间，有人来报道："大王，门外有两个独角鬼王，要见大王。"猴王道："教他进来。"那鬼王整衣跑入洞中，倒身下拜。美猴王问他："你见我何干？"鬼王道："久闻大王招贤，无由得见；今见大王授了天箓，得意荣归，特献赭黄袍一件，与大王称庆。肯不弃鄙贱，收纳小人，亦得效犬马之劳。"猴王大喜，将赭黄袍穿起，众等欣然排班朝拜，即将鬼王封为前部总督先锋。鬼王谢恩毕，复启道："大王在天许久，所授何职？"猴王道："玉帝轻贤，封我做个甚么'弼马温'！"鬼王听言，又奏道："大王有此神通，如何与他养马？就做个'齐天大圣'，有何不可？"猴王闻说，欢喜不胜，连道几个"好！好！好！"教四健将："就替我快置个旌旗，旗上写'齐天大圣'四大字，立竿张挂。自此以后，只

---

① 同寮：即"同僚"，一起工作的官吏。

称我为齐天大圣，不许再称大王。亦可传与各洞妖王，一体知悉。"此不在话下。

却说那玉帝次日设朝，只见张天师①引御马监监丞、监副在丹墀②下拜奏道："万岁，新任弼马温孙悟空，因嫌官小，昨日反下天宫去了。"正说间，又见南天门外增长天王领众天丁，亦奏道："弼马温不知何故，走出天门去了。"玉帝闻言，即传旨："着两路神元，各归本职，朕遣天兵，擒拿此怪。"班部中闪上托塔李天王与哪吒三太子，越班奏上道："万岁，微臣不才，请旨降此妖怪。"玉帝大喜，即封托塔天王李靖为降魔大元帅，哪吒三太子为三坛海会大神，即刻兴师下界。

——《西游记》第四回

恨逐爱徒

"三打白骨精"的代价其实很大，唐僧肉眼凡胎，不识妖怪变化，本无可厚非；可惜八戒玩笑无度，一味挑拨，导致孙悟空被逐出师门。可叹的是，这个杀妖不眨眼的猴王，却颇具温情，眼见得唐僧在气头上不肯回心转意，却忍气吞声，恋恋不舍，徘徊而去。

却说那妖精，原来行者第二棍也不曾打杀他。那怪物在半空中，夸奖不尽道："好个猴王，着然有眼！我那般变了去，他也还认得我。这些和尚，他去得快，若过此山，西下四十里，就不伏我所管了。若是被别处妖魔捞了去，好道就笑破他人口，使碎自

①张天师：道教神祇，原型为天师道创始人张道陵。　②丹墀（chí）：宫殿前红色台阶。

家心，我还下去戏他一戏。"好妖怪，按耸阴风，在山坡下摇身一变，变成一个老公公。……唐僧在马上见了，心中欢喜道："阿弥陀佛！西方真是福地！那公公路也走不上来，逼法①的还念经哩。"八

戒道："师父，你且莫要夸奖，那个是祸的根哩。"唐僧道："怎么是祸根？"八戒道："行者打杀他的女儿，又打杀他的婆子，这个正是他的老儿寻将来了。我们若撞在他的怀里呵，师父，你便偿命，该个死罪；把老猪为从②，问个充军；沙僧喝令，问个摆站③；那行者使个遁法④走了，却不苦了我们三个顶缸⑤？"行者听见道："这个呆根，这等胡说，可不唬了师父？等老孙再去看看。"

他把棍藏在身边，走上前迎着怪物，叫声："老官儿，往那里去？怎么又走路又念经？"那妖精错认了定盘星⑥，把孙大圣也当做个等闲的，遂答道："长老啊，我老汉祖居此地，一生好善斋僧，看经念佛。命里无儿，止生得一个小女，招了个女婿，今早送饭下田，想是遭逢虎口。老妻先来找寻，也不见回去，全然不知下落，老汉特来寻看。果然是伤残他命，也没奈何，将他骸骨收拾回去，

---

①逼法：拟声词，这里是形容念经声。　②为从：这里是当从犯的意思。　③摆站：被判徒刑者被发配至驿站。　④遁法：逃脱的办法。　⑤顶缸：这里是代人顶罪的意思。　⑥定盘星：十六两制秤秤杆上的第一颗星，这里指主意。

安葬茔①中。"行者笑道："我是个做吓虎的祖宗，你怎么袖子里笼了个鬼儿来哄我？你瞒了诸人，瞒不过我。我认得你是个妖精！"那妖精唬得顿口无言。行者掣出棒来，自忖思道："若要不打他，显得他倒弄个风儿；若要打他，又怕师父念那话儿咒语②。"又思量道："不打杀他，他一时间抄空儿把师父捞了去，却不又费心劳力去救他？还打的是！就一棍子打杀他，师父念起那咒，常言道：'虎毒不吃儿。'凭着我巧言花语，嘴伶舌便，哄他一哄，好道也罢了。"

好大圣，念动咒语叫当坊土地、本处山神道："这妖精三番来戏弄我师父，这一番却要打杀他。你与我在半空中作证，不许走了。"众神听令，谁敢不从，都在云端里照应。那大圣棍起处，打倒妖魔，才断绝了灵光。

那唐僧在马上，又唬得战战兢兢，口不能言。八戒在旁边又笑道："好行者！风③发了！只行了半日路，倒打死三个人！"唐僧正要念咒，行者急到马前，叫道："师父，莫念！莫念！你且来看看他的模样。"却是一堆粉骷髅在那里。唐僧大惊道："悟空，这个人才死了，怎么就化作一堆骷髅？"行者道："他是个潜灵作怪的僵尸，在此迷人败本；被我打杀，他就现了本相。他那脊梁上有一行字，叫做'白骨夫人'。"唐僧闻说，倒也信了；怎禁那八戒旁边唆嘴道："师父，他的手重棍凶，把人打死，只怕你念那话儿，故意变化这个模样，掩你的眼目哩！"唐僧果然耳软，又信了他，随复念起。行者禁不得疼痛，跪于路旁，只叫："莫念！莫念！有话快说了罢！"唐僧道："猴头，还有甚说话！出家人行善，如春园

---

①茔（yíng）：坟墓。　②那话儿咒语：指观世音菩萨传授给唐僧用以节制孙悟空的咒语。　③风：疯狂病。

之草，不见其长，日有所增；行恶之人，如磨刀之石，不见其损，日有所亏。你在这荒郊野外，一连打死三人，还是无人检举，没有对头；倘到城市之中，人烟凑集之所，你拿了那哭丧棒，一时不知好歹，乱打起人来，撞出大祸，教我怎的脱身？你回去罢！"行者道："师父错怪了我也。这厮分明是个妖魔，他实有心害你。我倒打死他，替你除了害，你却不认得，反信了那呆子谗言冷语，屡次逐我。常言道：'事不过三。'我若不去，真是个下流无耻之徒。我去，我去，去便去了，只是你手下无人。"唐僧发怒道："这泼猴越发无礼！看起来，只你是人，那悟能、悟净就不是人？"

那大圣一闻得说他两个是人，止不住伤情凄惨，对唐僧道声："苦啊！你那时节，出了长安，有刘伯钦①送你上路；到两界山，救我出来，投拜你为师，我曾穿古洞，入深林，擒魔捉怪，收八戒，得沙僧，吃尽千辛万苦；今日昧着惺惺②使糊涂，只教我回去：这才是'鸟尽弓藏，兔死狗烹'！罢，罢，罢！但只是多了那紧箍儿咒。"唐僧道："我再不念了。"行者道："这个难说：若到那毒魔苦难处不得脱身，八戒沙僧救不得你，那时节，想起我来，忍不住又念诵起来，就是十万里路，我的头也是疼的；假如再来见你，不如不作此意。"

唐僧见他言言语语，越添恼怒，滚鞍下马来，叫沙僧包袱内取出纸笔，即于涧下取水，石上磨墨，写了一纸贬书，递于行者道："猴头！执此为照，再不要你做徒弟了！如再与你相见，我就

---

①刘伯钦：一位猎人，唐僧刚开始西行时，刘伯钦曾经搭救并护送过他，相关情节见第十三、十四回。
②惺惺（xīng xīng）：这里指清醒的头脑。

堕了阿鼻地狱①！"行者连忙接了贬书道："师父，不消发誓，老孙去罢。"他将书摺了，留在袖中，却又软款②唐僧道："师父，我也是跟你一场，又蒙菩萨指教；今日半途而废，不曾成得功果，你请坐，受我一拜，我也去得放心。"唐僧转回身不睬，口里唧唧哝哝的道："我是个好和尚，不受你歹人的礼！"大圣见他不睬，又使个身外法，把脑后毫毛拔了三根，吹口仙气，叫"变！"即变了三个行者，连本身四个，四面围住师父下拜。那长老左右躲不脱，好道③也受了一拜。

大圣跳起来，把身一抖，收上毫毛，却又吩咐沙僧道："贤弟，你是个好人，却只要留心防着八戒詀言詀语④，途中更要仔细。倘一时有妖精拿住师父，你就说老孙是他大徒弟；西方毛怪，闻我的手段，不敢伤我师父。"唐僧道："我是个好和尚，不题你这歹人的名字。你回去罢。"那大圣见长老三番两覆，不肯转意回心，没奈何才去。

——《西游记》第二十七回

三僧戏三妖

> 庄严神圣的道场，被孙悟空等弄得一片狼藉，三位作威作福的妖道也被狠狠戏耍了一番。神仙在世间总被膜拜，高高在上，凛凛生威，作者却偏偏要让他们也去"五谷轮回之所"体验"民情"去，我们当从中读出那种出了一口恶气的可爱之处。

①阿鼻地狱：万劫不复的地狱。阿鼻，梵语音译词，有不间断、无穷无尽之意。　②软款：殷勤地。
③好道：好歹。　④詀（diān）言詀语：指花言巧语，胡说八道。

二更时候，孙大圣心中有事，偏睡不着，只听那里吹打，悄悄的爬起来，穿了衣服，跳在空中观看，原来是正南上灯烛荧煌。低下云头仔细再看，却是三清观道士禳星①哩。……殿门前挂一联黄绫织锦的对句，绣着二十二个大字，云："雨顺风调，愿祝天尊无量法；河清海晏，祈求万岁有余年。"行者见三个老道士，披了法衣，想是那虎力、鹿力、羊力大仙。下面有七八百个散众，司鼓司钟，侍香表白，尽都侍立两边。行者暗自喜道："我欲下去与他混一混②，奈何'单丝不线，孤掌难鸣'，且回去照顾八戒沙僧，一同来耍耍。"

按落祥云，径至方丈中。原来八戒与沙僧通脚睡着。行者先叫悟净，沙和尚醒来道："哥哥，你还不曾睡哩？"行者道："你且起来，我和你受用③些来。"沙僧道："半夜三更，口枯眼涩，有甚受用？"行者道："这城里果有一座三清观。观里道士们修醮④，三清殿上有许多供养：馒头足有斗大，烧果⑤有五六十斤一个，衬饭⑥无数，果品新鲜。和你受用去来！"那猪八戒睡梦里听见说吃好东西，就醒了，道："哥哥，就不带挈⑦我些儿？"行者道："兄弟，你要吃东西，不要大呼小叫，惊醒了师父，都跟我来。"

他两个套上衣服，悄悄的走出门前，随行者踏了云头，跳将起去。那呆子看见灯光，就要下手。行者扯住道："且休忙。待他散了，方可下去。"八戒道："他才念到兴头上，却怎么肯散？"行者道："等我弄个法儿，他就散了。"好大圣，捻着诀，念个咒语，

---

①禳（ráng）星：这里指道教中乞求消除灾星的仪式。　②混（hùn）一混：指捣乱。　③受用：享受。
④修醮（jiào）：指道士做法事消灾。　⑤烧果：一种面食。　⑥衬饭：指供奉的各种饭食。　⑦带挈（qiè）：带领。

往巽地^①上吸一口气，呼的吹去，便是一阵狂风，径直卷进那三清殿上，把他些花瓶烛台，四壁上悬挂的功德，一齐刮倒，遂而灯火无光。众道士心惊胆战。虎力大仙道："徒弟们且散，这阵神风所过，吹灭了灯烛香花，各人归寝，明朝早起，多念几卷经文补数。"众道士果各退回。

这行者却引八戒、沙僧，按落云头，闯上三清殿。呆子不论生熟，拿过烧果来，张口就啃。行者掣铁棒，着手便打。八戒缩手躲过道："还不曾尝着甚么滋味，就打！"行者道："莫要小家子行。且叙礼^②坐下受用。"八戒道："不羞！偷东西吃，还要叙礼！若是请将来，却要如何？"行者道："这上面坐的是甚么菩萨？"八戒笑道："三清也认不得，却认做甚么菩萨！"行者道："那三清？"八戒道："中间的是元始天尊，左边的是灵宝道君，右边的是太上老君。"行者道："都要变得这般模样，才吃得安稳哩。"那呆子急了，闻得那香喷喷供养，要吃，爬上高台，把老君一嘴拱下去道："老官儿，你也坐得够了，让我老猪坐坐。"八戒变做太上老君；行者变做元始天尊；沙僧变作灵宝道君。把原像都推下去。及坐下时，八戒就抢大馒头吃。行者道："莫忙哩！"八戒道："哥哥，变得如此，还不吃等甚？"

行者道："兄弟呀，吃东西事小，泄漏天机事大。这圣像都推在地下，倘有起早的道士来撞钟扫地，或绊一个根头，却不走漏消息？你把他藏过一边来。"八戒道："此处路生，摸门不着，却那里藏他？"行者道："我才进来时，那右手下有一重小门儿，那里面

---

①巽（xùn）地：东南方位，因巽即风，所以孙悟空如此作法。古人以八卦对应八方，乾、坤、震、巽、坎、离、艮、兑，分别对应西北、西南、东方、东南、北方、南方、东北、西方。　②叙礼：行礼。

秽气畜人^①，想必是个五谷轮回之所。你把他送在那里去罢。”这呆子有些夯力量^②，跳下来，把三个圣像拿在肩膊上，扛将出来；到那厢，用脚登开门看时，原来是个大东厕。笑道：“这个弼马温着然^③会弄嘴弄舌！把个毛坑也与他起个道号，叫做甚么‘五谷轮回之所’！”那呆子扛在肩上且不丢了去，口里啯啯哝哝的祷道：

> 三清三清，我说你听：远方到此，惯灭妖精。欲享供养，无处安宁。借你坐位，略略少停。你等坐久也，且暂下毛坑。你平日家受用无穷，做个清净道士；今日里不免享些秽物，也做个受臭气的天尊！

祝罢，烹的望里一捽，溅^④了半衣襟臭水，走上殿来。行者道：“可藏得好么？”八戒道：“藏便藏得好；只是溅起些水来，污了衣服，有些腌臜^⑤臭气，你休恶心。”行者笑道：“也罢，你且来受用；但不知可得个干净身子出门哩。”那呆子还变做老君。三人坐下，尽情受用。先吃了大馒头，后吃簇盘^⑥、衬饭、点心、拖炉^⑦、饼锭^⑧、油煠^⑨、蒸酥^⑩，那里管甚么冷热，任情吃起。原来孙行者不大吃烟火食，只吃几个果子，陪他两个。那一顿如流星赶月，风卷残云，吃得罄尽，已此^⑪没得吃了，还不走路，且在那里闲讲，消食耍子。

噫！有这般事！原来那东廊下有一个小道士，才睡下，忽然起来道：“我的手铃儿忘记在殿上，若失落了，明日师父见责。”与那同睡者道：“你睡着，等我寻去。”急忙中不穿底衣，止扯一领

---

①秽气畜（xù）人：臭气熏人。畜，熏。　②夯（bèn）力量：指大力气。　③着然：实在是。
④溅（zàn）：溅。　⑤腌臜：即“肮脏”。　⑥簇盘：即拼盘。　⑦拖炉：一种酥饼。　⑧饼锭：大烧饼。　⑨油煠（zhá）：即油炸食品。煠，同“炸”，油炸。　⑩蒸酥：当是一种有馅的点心。
⑪已此：已经是。

直裰①，径到正殿中寻铃。摸来摸去，铃儿摸着了。正欲回头，只听得有呼吸之声，道士害怕。急拽步往外走时，不知怎的，躧②着一个荔枝核子，扑的滑了一跌。当的一声，把个铃儿跌得粉碎。猪八戒忍不住呵呵大笑出来，把个小道士唬走了三魂，惊回了七魄，一步一跌，撞到后方丈外，打着门叫："师公，不好了，祸事了！"三个老道士还未曾睡，即开门问："有甚祸事？"他战战兢兢道："弟子忘失了手铃儿，因去殿上寻铃，只听得有人呵呵大笑，险些儿唬杀我也！"老道士闻言即叫："掌灯来！看是甚么邪物？"一声传令，惊动那两廊的道士，大大小小，都爬起来点灯着火，往正殿上观看。

却说孙大圣左手把沙和尚捻一把，右手把猪八戒捻一把，他二人却就省悟，坐在高处，佮③着脸，不言不语，凭那些道士点灯着火，前后照看，他三个就如泥塑金装一般模样。虎力大仙道："没有歹人，如何把供献都吃了？"鹿力大仙道："却象人吃的勾当，有皮的都剥了皮，有核的都吐出核，却怎么不见人形？"羊力大仙道："师兄勿疑，想是我们虔心志意，在此昼夜诵经，前后申文，

①直裰（duō）：这里指道袍。　②躧（xǐ）：踩。　③佮（kōng）着脸：绷着脸。

又是朝廷名号，断然惊动天尊。想是三清爷爷圣驾降临，受用了这些供养。趁今仙从未返，鹤驾在斯，我等可拜告天尊，恳求些圣水金丹，进与陛下，却不是长生永寿，见我们的功果①也？"虎力大仙道："说的是。"教："徒弟们动乐诵经！一壁厢取法衣来，等我步罡②拜祷。"那些小道士俱遵命，两班儿摆列齐整，当的一声磬响。齐念一卷《黄庭道德真经》。虎力大仙披了法衣，擎着玉简，对面前舞蹈扬尘，拜伏于地，朝上启奏道：

> 诚惶诚恐，稽首归依。臣等兴教，仰望清虚。灭僧③鄙俚，敬道光辉。敕修宝殿，御制庭闱。广陈供养，高挂龙旗。通宵秉烛，镇日香菲。一诚达上，寸敬虔归。今蒙降驾，未返仙车，望赐些金丹圣水，进与朝廷，寿比南山。

八戒闻言，心中忐忑，默对行者道："这是我们的不是：吃了东西，且不走路，只等这般祷祝，却怎么答应？"行者又捻一把，忽地开口叫声："晚辈小仙，且休拜祝，我等自蟠桃会上来的，不曾带得金丹圣水，待改日再来垂赐。"那些大小道士听见说出话来，一个个抖衣而战道："爷爷呀！活天尊临凡，是必莫放，好歹求个长生的法儿！"鹿力大仙上前，又拜云：

> 扬尘顿首，谨办丹诚。微臣归命，俯仰三清。自来此界，兴道除僧。国王心喜，敬重玄龄。罗天大醮，彻夜看经。幸天尊之不弃，降圣驾而临庭。俯求垂念，仰望恩荣。是必留些圣水，与弟子们延寿长生。

沙僧捻着行者，默默的道："哥呀，要得紧，又来祷告了。"行

---

①功果：功劳。　②步罡（gāng）：道士作法时运用的一种步行法，曲折蜿蜒如踏在星斗之上。
③灭僧：指这三个妖怪在车迟国凭借法力取得国王信任后，大力迫害僧人的行为。

者道："与他些罢。"八戒寂寂道："那里有得？"行者道："你只看着我：我有时，你们也都有了。"

那道士吹打已毕，行者开言道："那晚辈小仙，不须拜伏。我欲不留些圣水与你们，恐灭了苗裔；若要与你，又忒容易了。"众道闻言，一齐俯伏叩头道："万望天尊念弟子恭敬之意，千乞喜赐些须。我弟子广宣道德，奏国王普敬玄门。"行者道："既如此，取器皿来。"那道士一齐顿首谢恩。虎力大仙爱强，就抬一口大缸放在殿上；鹿力大仙端一砂盆安在供桌之上；羊力大仙把花瓶摘了花，移在中间。行者道："你们都出殿前，掩上格子，不可泄了天机，好留与你些圣水。"众道一齐跪伏丹墀之下，掩了殿门。

那行者立将起来，掀着虎皮裙，撒了一花瓶臊溺①。猪八戒见了欢喜道："哥啊，我把你做这几年兄弟，只这些儿不曾弄我。我才吃了些东西，道要干这个事儿哩。"那呆子揭衣服，忽喇喇，就似吕梁洪②倒下坂来，沙沙的溺了一砂盆。沙和尚却也撒了半缸。依旧整衣端坐在上道："小仙领圣水。"

那些道士，推开格子，磕头礼拜谢恩，抬出缸去，将那瓶盆总归一处，教："徒弟，取个钟子来尝尝。"小道士即便拿了一个茶钟，递与老道士。道士舀出一钟来，喝下口去，只情③抹唇咂嘴，鹿力大仙道："师兄好吃么？"老道士努着嘴道："不甚好吃，有些醋醂④之味。"羊力大仙道："等我尝尝。"也喝了一口，道："有些猪溺臊气。"行者坐在上面，听见说出这话儿来，已此识破了，道："我弄个手段，索性留个名罢。"大叫云：

---

①溺：尿。　　②吕梁洪：河水名，在今江苏省徐州市。　　③只情：只管。　　④醋醂（dān）：酒变质之后的酸涩之气。

新编中华文化基础教材·第十四册

道号！道号！你好胡思！那个三清，肯降凡基？吾将真姓，说与你知。大唐僧众，奉旨来西。良宵无事，下降宫闱。吃了供养，闲坐嬉嬉。蒙你叩拜，何以答之？那里是甚么圣水，你们吃的都是我一溺之尿！

　　那道士闻得此言，拦住门，一齐动叉钯扫帚瓦块石头，没头没脸往里面乱打。好行者，左手挟了沙僧，右手挟了八戒，闯出门，驾着祥光，径转智渊寺方丈。不敢惊动师父，三人又复睡下。

——《西游记》第四十四、四十五回

文史知识

一、《西游记》及其写定者

和《三国演义》《水浒传》类似，《西游记》的成书也经历了一个漫长的民间流传过程，最后才写定。《西游记》的故事原型无疑是唐代玄奘西行印度交流学习佛教经典的壮举，他归来后有一位僧人慧立，为他写了一部传记，叫做《大慈恩寺三藏法师传》，其中讲到西行途中的种种艰辛，但除了一些出于信仰虔诚的记叙外，并没有过多神异的描写。到了宋末元初，出现了一种叫《大唐三藏取经诗话》的书，它属于流行于唐宋的寺院俗讲。俗讲本是寺院为了宣传佛教经典而进行的讲唱，后来演变为一种艺术形式，故事性增强。在这部作品里，孙悟空、沙和尚、白龙马等人物已略具雏形，孙悟空大闹蟠桃会、偷吃人参果、三打白骨精、智取芭蕉扇等情节也已经出现，但猪八戒的形象还无踪影。这说明，玄奘西行的事迹在流传的过程中已经出现明显的虚构和神异化。其后，有《西游记》杂剧《唐三藏西天取经》六本，其中猪八戒出现，观世音菩萨成为取经途中的主要帮助者，而且托塔李天王、哪吒三太子、二郎神等一批道教神祇也进入了故事之中，可以看到明显的传承和发展。此外，还有大量我们今天已经看不到全貌的西游故事存在。因此，在这些基础上出现通行的一百回本《西游记》，就是水到渠成的事情了。

关于《西游记》写定者的问题，过去一直认为吴承恩是百回本的最终写定者，这种说法因为得到鲁迅、胡适等小说史研究前贤的支持而广泛流传。但是，随着研究的深入，越来越显示吴承恩作为《西游记》写定者的证据不足。同时，又出现许多新说法，但在没有确凿证据之前，我们还是采取付之阙如的态度，不轻易下结论。另一方面，既然在百回本《西游记》出现前，这个故事的框架已经基本成型，许多内容都已经确定，那么即使存在一个写定者，他的作用大约也主要是编辑、修订，因此我们对写定者究竟是何人也不必过于执着。

一般认为刊刻于明代万历二十年（1592）的"世德堂本"是现存最早也是最完整的百回本《西游记》，我们选文所据版本的底本就是"世德堂本"。

二、神魔小说

"神魔小说"是鲁迅先生在《中国小说史略》（1924）中率先使用的一个小说类型术语，用来专指明清通俗小说中以神魔斗法为主要内容的一类小说。神魔小说的出现，反映的是时代思想风潮对小说创作、成型的影响。明代中叶由于统治者推崇佛道，以致社会风气受此影响。据学者统计，万历至崇祯年间，见于著录的神魔小说就有二十余种。这也就能解释为什么《西游记》会出现西行取经和对佛道尤其是后者痛加讽刺的矛盾现象。在神魔小说中，常常借神魔的题材对世态加以讽刺和揶揄，《西游记》无疑是其中最典型和成功的一种。

思考与练习

一、阅读选文《齐天大圣》，请参照其中描绘天宫的词句，展开大胆想象，绘制你想象中的天宫画面。

二、阅读选文《三打白骨精》，谈谈你对师徒四人的评价，尝试为他们每人写一则评语。

三、阅读选文《三僧戏三妖》，你如何看待孙悟空要猪八戒把神像推下并扔进厕所？他们为什么要戏耍三位道士？

四、尝试阅读《西游记》全本，或者选取一部分，把唐僧师徒一路遇到的妖怪作一个统计，看看它们都从哪里来，最后是如何被收服，你也许会有新的发现和收获。

第五单元

鬼怪妖魅的世界
——《聊斋志异》

单元导读

　　"你也说聊斋，我也说聊斋，喜怒哀乐一起那个都到那心头来。鬼也不是那鬼，怪也不是那怪，牛鬼蛇神它倒比真人君子更可爱。笑中也有泪，乐中也有哀。几分庄严，几分诙谐，几分玩笑，几分那个感慨。此中滋味，谁能解得开？"这是20世纪80年代热播的电视剧《聊斋》的片头曲。这几句歌词看似"大白话"，却值得细细品味。尤其是"牛鬼蛇神它倒比真人君子更可爱""笑中也有泪，乐中也有哀，几分庄严，几分诙谐"两段，可说是点中了《聊斋志异》最精彩之处。

　　中国历史上，把鬼怪故事写得不但诡谲离奇，并且数量庞大、内容多样的，首推清代蒲松龄的《聊斋志异》。但是，《聊斋》和我们已经读过的《三国演义》和《水浒传》不同，它完全是用文言文写成的，在白话小说已经占据很大优势的情况下，一个落魄文人花费毕生心血，不为时尚所动，坚持用文言文写成了491篇短篇小说，可见他的执着。

　　《聊斋志异》的艺术特点，概括地说，就是用唐传奇的手法来记录神异的故事。这无疑是对文言小说传统的一种继承和发展，也是它最终登上中国文言短篇小说创作顶峰的重要原因。在近五百篇的小说中，故事性质大致有三类：第一，重写前人的故事，加以点染和改变，如《种梨》《凤阳士人》《续黄粱》《酒虫》等；第二，从街谈巷议、友人述说中取材，加以改造而成，如《龁石》《林四娘》《杨千总》等；第三，没有明显来源，基本出自作者虚构的，如《画壁》《婴宁》《聂小倩》《黄英》等，这类作品由于想象奇幻，情节曲折离奇，往往最为人所称道。从整体看，这三类作品都是构成《聊斋》奇幻世界不可或缺的一部分。并且每种类型的故事都有质量差异，这也是文学创作的基本规律。

《聊斋志异》的另一大特点就是多有寄托。蒲松龄写小说，并不单纯为了炫人以技，而多寄寓其个人意志。比如他在科举上屡遭挫折，于是在《郭安》《司文郎》《书痴》《素秋》等作品里对科举制度进行了或多或少的抨击，以抒发内心的郁闷。而在《龙戏珠》里，则表达了好人却没好报的质疑；在《婴宁》中，则有对返璞归真的向往。诸如此类，实际上可以作为作者人生观、价值观的一种投射，我们可以借此更深入地了解作者。

本单元选文原文据任笃行辑校之《全校汇注集评聊斋志异》（齐鲁书社2000年版）。

选文部分

画壁（节录）

美好的事物在现实中求之不得，竟然在寺庙的壁画里得偿所愿，尽管只是短暂的一瞬，并且继之而起的是长久的追念和遗憾。但是人生有时不就是如此吗？美好的总是短暂的。

　　江西孟龙潭，与朱孝廉①客都中。偶涉一兰若②，殿宇禅舍，俱不甚弘敞；惟一老僧挂搭③其中。见客入，肃衣出迓④，导与随喜⑤。殿中塑志公像，两壁图绘精妙，人物如生。东壁画散花天女，内一垂髫者，拈花微笑，樱唇欲动，眼波将流。

　　朱注目久，不觉神摇意夺，恍然凝想。身忽飘飘，如驾云雾，已到壁上。见殿阁重重，非复人世。一老僧说法座上，偏袒⑥绕视

---

①孝廉：这里指举人。明清科举，通过省级考试（乡试）者称举人，与汉代孝廉由郡国推举类似，因此也把举人叫做孝廉。　②兰若：梵语"阿兰若"（araṇya）的音译省略，即佛寺。　③挂搭：行脚僧暂时在寺院居住。　④迓（yà）：迎接。　⑤随喜：本义是随意向僧人布施财物，这里指游览寺院。　⑥偏袒：解衣袒露一臂，僧人常如此穿衣，这里代指僧人。

者甚众。朱亦杂立其中。少间，似有人暗牵其裾。回顾，则垂髫儿，辗然①竟去，履即从之。过曲栏，入一小舍，朱次且②不敢前。女回首，举手中花，遥遥作招状，乃趋之。舍内寂无人，遽③拥之，亦不甚拒，遂与狎好。既而闭户去，嘱勿咳，夜乃复至。

忽闻吉莫靴铿铿甚厉④，缧锁⑤锵然。旋有纷嚣腾辨⑥之声。女惊起，与生窃窥，则见一金甲使者，黑面如漆，绾锁挈槌，众女环绕之。使者曰："全未？"答言："已全。"使者曰："如有藏匿下界人，即共出首，勿贻伊戚⑦！"又同声言："无。"使者反身鹗⑧顾，似将搜匿。女大惧，面如死灰，张皇谓朱曰："可急匿榻下。"乃启壁上小扉，猝遁去。朱伏，不敢少息。俄闻靴声至房内，复出。未几，烦喧渐远，心稍安；然户外辄有往来语论者。朱跼蹐⑨既久，觉耳际蝉鸣，目中火出，景状殆不可忍，惟静听以待女归，竟不复忆身之何自来也。

时孟龙潭在殿中，转瞬不见朱，疑以问僧。僧笑曰："往听说法去矣。"问："何处？"曰："不远。"少时以指弹壁而呼曰："朱檀

---

①辗（zhǎn）然：笑的样子。　　②次（zī）且：犹豫不进的样子。　　③遽（jù）：马上。　　④吉莫靴：即皮靴。铿铿：皮靴踏地的声音。　　⑤缧（léi）锁：这里指铁锁。　　⑥纷嚣腾辨：喧嚣谈论。　　⑦勿贻伊戚：意思是不要自寻惩罚，语出《诗经·小雅·小明》。　　⑧鹗：一种猛禽，这里指眼神如猛禽般凶狠。　　⑨跼蹐（jú jí）：局促窘迫。

越①何久游不归？"旋见壁间画有朱像，倾耳伫立，若有听察。僧又呼曰："游侣②久待矣！"遂飘忽自壁而下，灰心木立，目瞪足软。孟大骇，从容问之，言方伏榻下，闻叩声如雷，故出房窥听也。共视拈花人，螺髻翘然，不复垂髫矣。朱惊拜老僧，而问其故，僧笑曰："幻由人生，贫道何能解？"朱气结③而不扬，孟心骇叹而无主。即起，历阶④而出。

聂小倩（节录）

风靡一时的电影《倩女幽魂》想必令不少人动情，爱情力量的伟大，甚至可以弥合人鬼殊途的天堑。而宁采臣和聂小倩历经磨难，终成眷属，大约也是极为幸运的吧。

宁采臣，浙人，性慷爽，廉隅⑤自重。适赴金华，至北郭，解装⑥兰若。寺中殿塔壮丽，然蓬蒿没人，似绝行踪⑦。东西僧舍，双扉虚掩，惟南一小舍，扃键⑧如新。又顾殿东隅，修竹拱把⑨，阶下有巨池，野藕已花。意甚乐其幽杳，思便留止，遂散步以待僧归⑩。日暮，有士人来，启南扉。宁趋为礼，且告以意，士人曰："此间无房主，仆亦侨居⑪。能甘荒落，旦晚惠教，幸甚⑫。"宁喜，

---

①檀越：施主。 ②游侣：同伴，这里指孟龙潭。 ③气结：因内心郁闷而有窒息感。 ④历阶：跨过台阶，是内心惊慌失措的表现。 ⑤廉隅：指端正的品行，语出《礼记·儒行》。 ⑥解装：卸下行装，这里是暂住的意思。 ⑦这几句话的意思是：寺院里殿堂佛塔壮观华丽，但是野草几乎把人遮没，像是很久没人来过了。 ⑧扃（jiōng）键：门闩。 ⑨拱把：指两手合围那样粗。 ⑩这几句话的意思是：（宁采臣）非常喜欢这地方幽深宁静，想就此留住，于是散步等寺院的僧人回来。 ⑪侨居：寄居，客居。 ⑫这几句话的意思是：（如果您）能甘于住在这样荒僻的地方，让我早晚得到您的教诲，就太幸运了。

新编中华文化基础教材·第十四册

藉藁①代床，支板作几，为久客计。是夜，月明高洁，清光似水，二人促膝殿廊，各展②姓字。士人自言："燕姓，字赤霞。"宁听其音声，殊不类浙③。诘之，自言："秦人。"

宁以新居，久不成寐。闻舍北喁喁④，如有家口。起，伏北壁石窗下微窥之，见短墙外一小院落，有妇可四十余；又一媪衣黯绯⑤，插蓬沓⑥，鲐背⑦龙钟，偶语月下。言未已，有一十七八女子来，仿佛艳绝。妇人女子又不知何言。宁意其邻人眷口⑧，寝不复听。又许时⑨始寂无声。

方将睡去，觉有人至寝所；急起审顾⑩，则北院女子也。以黄金一锭置褥上。宁掇掷庭墀⑪，曰："非义之物，污我囊橐⑫！"女惭，出，拾金自言曰："此汉当是铁石。"

诘旦⑬有兰溪生携一仆来候试，寓于东厢，至夜暴⑭亡。足心有小孔，如锥刺者，细细有血出，俱莫知故。经宿，仆死，症亦如之。向晚，燕生归，宁质之，燕以为魅⑮。宁素抗直⑯，颇不在意。宵分，女子复至，谓宁曰："君诚圣贤，妾不敢欺。小倩，姓聂氏，十八夭殂⑰，葬寺侧，辄被妖物威胁，实非所乐。今寺中无可杀者，恐当以夜叉⑱来。"宁骇，求计。女曰："与燕生同室可免。"问："迷人若何？"曰："狎昵⑲我者，隐以锥刺其足，彼即茫若迷，因摄血以供妖饮。又惑以金——非金也，乃罗刹⑳鬼骨，留之能截

①藉藁（gǎo）：干草。　②展：陈述，介绍。　③这两句话的意思是：宁采臣听他的口音，一点都不像浙江一带的。　④喁喁（yóng yóng）：人的低语声。　⑤这句话的意思是：穿的是褪色的红衣服。黯（yè），褪色。　⑥蓬沓：一种妇女首饰，在越地流行，长一尺左右。　⑦鲐（tái）背：驼背。　⑧眷口：家人。　⑨许时：过了一会。　⑩审顾：仔细看。　⑪这句话的意思是：宁采臣把黄金扔到庭院的地上。　⑫囊橐（tuó）：行囊。　⑬诘旦：清晨。　⑭暴：突然。　⑮魅：鬼怪。　⑯抗直：正直刚强。　⑰夭殂（cú）：夭折离世。　⑱夜叉：一种恶鬼。　⑲狎昵：亲近。　⑳罗刹：一种吃人血肉的恶鬼。

取人心肝。二者，凡以投时好耳①。"宁感谢，问戒备之期，答以明宵。临别泣曰："倘肯囊妾朽骨，归葬安宅②，不啻③再造。"宁毅然诺之。因问葬处，曰："但记取白杨之上，有乌巢者是也。"言已出门，纷然而灭。

明日，恐燕他出，早诣邀致。辰后具酒馔，留意察燕。既约同宿，辞以性癖耽寂④。宁不听，强携卧具来。燕不得已，移榻从之，嘱曰："仆知足下丈夫，倾风良切。要有微衷，难以遽白。幸勿翻窥箧襆⑤，违之，两俱不利。"宁谨受教。既而各寝，燕以箱箧置窗上，就枕移时，齁如雷吼。宁不能寐。近一更许，窗外隐隐有人影。俄而近窗来窥，目光睒闪⑥。宁惧，方欲呼燕，忽有物裂箧而出，耀若匹练，触折窗上石棂，飕然一射，即遽敛入，宛如电灭。燕觉而起，宁伪睡以觇之。燕捧箧检征，取一物，对月嗅视：白光晶莹，长可二寸，径韭叶许。已而数重包固，仍置破箧中。自语曰："何物老魅，直尔大胆，致坏箧子。"遂复卧。宁大奇之，因起问之，且以所见告。燕曰："我，剑客也。若非石棂，妖当立毙；虽然，亦伤。"问："所缄

①这句话的意思是：这两样东西都是为了投世俗所好。时好，世俗的爱好。　②这两句话的意思是：希望宁采臣为她迁葬它处。　③不啻（chì）：无异于。　④这两句话的意思是：宁采臣提出同宿后，燕生以性格孤僻喜欢独处为由推辞。　⑤箧襆（qiè fú）：箱子。　⑥睒（shǎn）闪：指目光闪闪。

何物？"曰："剑也。适嗅之，有妖气。"宁欲观之，慨出相示：荧荧然一小剑也。

明日，视窗外，有血迹。遂出寺北，见荒坟累累，果有白杨，乌巢其颠。迨营谋既就，趣装①欲归。燕生以破革囊赠宁，曰："此剑袋也。宝藏可远魑魅。"宁欲从授其术。曰："如君信义刚直，可以为此；然君犹富贵中人，非此道中人也。"宁乃托有妹葬此，发掘女骨，敛以衣衾，赁舟而归。宁斋②临野，因营坟葬诸斋外，后有人呼曰："缓待同行！"回顾，则小倩也。欢喜谢曰："君信义，十死不足以报，请从归。"审谛之，娇艳尤绝，遂与俱至斋中。嘱坐少待，先入白母，母愕然。时宁妻久病，母戒勿言，恐所骇惊。女曰："儿实无二心。泉下人，既不见信于老母，请以兄事，依高堂，奉晨昏，如何？"母怜其诚，允之。即欲拜嫂，母辞以疾，乃止。女即入厨下，代母尸饔③。入房穿榻，似熟居者。

先是，宁妻病废，母劬④不可堪；自得女，逸甚，心德之。日渐稔，亲爱如己出，竟忘其为鬼。女初来未尝饮食，半年渐啜稀饦⑤。母子皆溺爱之，讳言其鬼，人亦不之辨也。无何，宁妻亡，母阴有纳女意，与子议，宁喜，因列筵告戚党。或请觌⑥新妇，女慨然华妆出，一堂尽眙⑦，反不疑其鬼，疑为仙。

一日，俯颈窗前，怊怅若失。忽问："革囊何在？"曰："以卿畏之，故缄置他所。"曰："妾受生气已久，当不复畏，宜取挂床头。"宁诘其意，曰："三日来，心怔忡⑧无停息，意金华妖物恨妾

———————————————

①趣装：即"趋装"，整理行装。　②斋：指居所所在。　③尸饔（yōng）：指做饭，语出《诗经·小雅·祈父》。　④劬（qú）：辛劳。　⑤稀饦（yǐ）：稀粥。　⑥觌（dí）：见面。　⑦眙（chì）：瞪视。　⑧怔忡：惶恐不安。

远遁，恐旦晚寻及也。"宁果携革囊来。女反复审视，曰："此剑仙将盛人头者也。敝败至此，不知杀人几何许！妾今日视之，肌犹粟慄①。"乃悬之。次日，又命移悬户上。夜对烛坐，约宁勿寝。欻②有一物，如飞鸟堕。女惊匿夹幕③间。宁视之，物如夜叉状，电目血舌，睒闪攫拿而前。至门，却步，逡巡久之。渐近革囊，以爪摘取，似将抓裂。囊忽格然一响，大可合簣④，恍惚有鬼物，突出半身，揪夜叉入，声遂寂然，囊亦顿缩如故。宁骇诧，女亦出，大喜曰："无恙矣！"共视囊中，清水数斗而已。

雨　钱

　　风度翩翩的读书人，往往可能是贪财猥琐的小人；而遭人侧目的狐仙，倒是明辨是非的君子——世间事就是这样神奇。我们看文中秀才的言行，何其无耻？但倘若没有这位狐仙，我们又怎会知道呢？倘若他及第为官，又将如何？

　　滨州⑤一秀才，读书斋中。有款门者，启视，则皤然一翁，形貌甚古。延之入，请问姓氏，翁自言："养真，姓胡，实乃狐仙。慕君高雅，愿共晨夕。"秀才故旷达，亦不为怪，遂与评驳⑥今古。翁殊博洽，镂花雕缋⑦，粲于牙齿，时抽经义，则名理湛深，尤觉非意所及。秀才惊服，留之甚久。

　　一日，密祈翁曰："君爱我良厚。顾我贫若此，君但一举手，

①粟慄（lì）：这里指惊恐害怕。　②欻（xū）：忽然。　③夹幕：厅堂中悬挂的帷幕。幕，通"幕"，帷幕。　④这句话的意思是：有两个竹筐合起来大。　⑤滨州：在今山东省。　⑥评驳：评论。　⑦镂花雕缋（huì）：这里形容老翁言辞华美。

金钱宜可立致，何不小周给①？"翁嘿②然，似不以为可；少间，笑曰："此大易事。但须得十数钱作母。"秀才如其请。翁乃与共入密室中，禹步③作咒。俄顷，钱有数十百万，从梁间锵锵而下，势如骤雨。转瞬没膝，拔足而立，又没踝。广丈之舍，约深三四尺已来。乃顾语秀才："颇厌④君意否？"曰："足矣。"翁一挥，钱即画然而止。乃相与扃户出。秀才窃喜，自谓暴富。

顷之，入室取用，则满室阿堵物⑤，皆为乌有，惟母钱十余枚，寥寥尚在。秀才失望，盛气向翁，颇怼⑥其诳，翁怒曰："我本与君文字交，不谋与君作贼！便如秀才意，只合寻梁上君⑦交好得。老夫不能承命！"遂拂衣去。

酒 虫

嗜酒如命者往往可见，却不知是腹中有酒虫不断吸取酒之精华所致。但是去除所谓痼疾的同时，身体也随之衰弱，这不得不使我们疑惑，到底什么是"病"呢？

长山⑧刘氏，体肥嗜饮，每独酌，辄尽一瓮。负郭田⑨三百亩，辄半种黍；而家豪富，不以饮为累也。一番僧⑩见之，谓其身有异疾，刘答言："无。"僧曰："君饮尝不醉否？"曰："有之。"曰："此酒虫也！"刘愕然，便求医疗。曰："易耳。"问："需何药？"俱言

---

①周给（jǐ）：接济，帮助。 　②嘿：同"默"，沉默。 　③禹步：像跛脚行走那样的步伐，巫术作法时常用。 　④厌：通"餍"，使……满足。 　⑤阿堵物：即这个东西，代指金钱，语出《世说新语·规箴》。 　⑥怼（duì）：怨恨。 　⑦梁上君：小偷。 　⑧长山：山东省旧县名，现属于邹平县下的一个镇。 　⑨负郭田：靠近城郭的良田。 　⑩番僧：外国的僧人。

不须。但令于日中俯卧，絷①手足，去首半尺许，置良酝②一器。移时，燥渴，思饮为极。酒香入鼻，馋火上炽，而苦不得饮。忽觉咽中暴痒，哇有物出，直堕酒中。解缚视之，赤肉长三寸许，蠕动如游鱼，口眼悉备。刘惊谢，酬以金，不受，但乞其虫。问："将何用？"曰："此酒之精，瓮中贮水，入虫搅之，即成佳酿。"刘使试之，果然。刘自是恶酒如仇。体渐瘦，家亦日贫，后饮食至不能给③。

异史氏曰："日尽一石，无损其富；不饮一斗，适以益贫；岂饮啄固有数乎哉？或言：'虫是刘之福，非刘之病，僧愚之以成其术。'然欤，否欤？"

吴门画工

画工的职业造就了他对肖像的敏感，但神仙自然知道他不过就是一个以此为生的人。因此让他发一笔横财，也算不负他传道的功劳。也许画家和画工的区别也就在此吧。

①絷（zhí）：捆住。　②良酝：美酒。　③给（jǐ）：自给自足。

吴门①画工某，忘其名。喜绘吕祖②，每想像而神会之，希幸一遇。虔结在念，靡刻不存。一日，值群丐饮郊郭间，内一人，敝衣露肘，而神采轩豁③。心忽动，疑为吕祖；谛视，觉愈确，遽捉其臂曰："君吕祖也。"丐者大笑。某坚执为是，伏拜不起。丐者曰："我即吕祖，汝将奈何？"某叩头，但祈指教。丐者曰："汝能相识，可谓有缘。然此处非语所，夜间当相见也。"再欲遮问④，转盼已杳，骇叹而归。

至夜，果梦吕祖来，曰："念子志虑专凝，特来一见。但汝骨气贪吝，不能为仙。我使子见一人可也。"即向空一招，遂有一丽人蹑空而下，服饰如贵嫔，容光袍仪，焕映一室。吕祖曰："此乃董娘娘，子审志之。"既而又问："记得否？"答："已记之。"又曰："勿忘却。"俄而丽者去，吕祖亦去。醒而异之，即梦中所见，肖而藏之。终亦不解所谓。

后数年，偶游于都。会董妃⑤薨，上念其贤，将为肖像。诸工群集，口授心拟，终不能似。某忽触念：梦中人，得无是耶？以图呈进。宫中传览，皆谓神肖。由是授官中书⑥，辞不受，赐万金。于是名大噪。贵戚家争遗⑦重币，乞为先人传影⑧，但悬空摹写，罔不曲似⑨。浃辰⑩之间，累数巨万。莱芜⑪朱拱奎曾见其人。

---

①吴门：今江苏省苏州市。　②吕祖：指吕洞宾，八仙之一。　③轩豁：开朗。　④遮问：拦住求问。
⑤董妃：清顺治皇帝的宠妃董鄂氏。　⑥中书：清代内阁属员，从七品。　⑦遗（wèi）：给。　⑧传影：留下形象。　⑨这句话的意思是：（这画工）只需凭空绘制，没有不相像的。　⑩浃（jiá）辰：古以干支纪日，自子日到亥日的十二天为"浃辰"，这里指很短的时间。　⑪莱芜：在今山东省莱芜市。

司文郎（节录）

> 能用鼻子闻出文章的好坏诚然让人感到惊奇，但是最终被选中的却是那些被视为不堪入"鼻"的文章。从中不难看到蒲松龄对考官的失望和嘲讽。

　　平阳①王平子，赴试北闱②，赁居报国寺。寺中有余杭生先在，王以比屋，投刺③焉。生不之答。朝夕遇之，多无状④。王怒其狂悖，交往遂绝。一日，有少年游寺中，白服裙帽，望之傀然⑤。近与接谈，言语谐妙，心爱敬之。展问邦族，云："登州⑥宋姓。"因命苍头⑦设座，相对噱谈⑧。余杭生适过，共起逊坐；生居然上座，更不拗挹⑨。卒然问宋："尔亦入闱者耶？"答云："非也。驽骀之才，无志腾骧久矣。"又问："何省？"宋告之。生曰："竟不进取，足知高明。山左、右并无一字通者⑩。"宋曰："北人固少通者，然不通者未必是小生；南人固多通者，然通者亦未必是足下。"言已，鼓掌；王和之，因而哄堂，生惭忿。

　　既而场后，（王）以文⑪示宋，宋颇相许。偶与涉历殿阁，见一瞽僧坐廊下，设药卖医。宋讶曰："此奇人也！最能知文，不可不一请教。"因命归寓取文。遇余杭生，遂与俱来。王呼师而参之，僧疑其问医者，便诘症候。王具白请教之意。僧笑曰："是谁多口？无目何以论文？"王请以耳代目。僧曰，"三作两千余言，

---

①平阳：明代府名，治所在今山西省临汾市。　②北闱：在北京顺天府举行的乡试称"北闱"。　③刺：名帖，名片。　④无状：这里指倨傲无礼。　⑤傀（guī）然：高大的样子。　⑥登州：明代府名，治所在今山东省蓬莱县。　⑦苍头：仆人。　⑧噱（jué）谈：谈笑。　⑨拗挹（huī yì）：谦让。　⑩这句话的意思是：北方地区没有通晓文墨的人。　⑪文：这里指考场所作八股文。

谁耐久听！不如焚之，我视以鼻可也。"王从之，每焚一作，僧嗅而颔之曰："君初法大家①，虽未逼真，亦近似矣。"问："可中否？"曰："亦中得。"余杭生未深信，先以古大家文烧试之。僧再嗅曰："妙哉此文！非归、胡②何解办此！"生大骇，始焚己作。僧曰："适领一艺，未窥全豹，何忽另易一人来也③？"生托言："朋友之作，止彼一首，此乃小生作也。"僧嗅其余灰，咳逆④数声，曰："勿再投矣！格格而不能下；再焚，则作恶⑤矣。"生惭而退。数日榜放，生竟领荐⑥，王下第。宋与王走告僧。僧叹曰："仆虽盲于目，而不盲于鼻，帘中人⑦并鼻盲矣。"

俄余杭生至，意气发舒，曰："盲和尚，今竟何如？"僧笑曰："我所论者文耳，不谋与君论命。君试寻诸试官之文，各取一首焚之，我便知孰为尔师。"生与王并搜之，止得八九人。生曰："如有舛错⑧，以何为罚？"僧愤曰："剜我盲瞳去！"生焚之，每一首，都言非是；至第六篇，忽向壁大呕，下气⑨如雷。众皆粲然。僧拭目向生曰："此真汝师也！"生大怒，去，曰："明日自见，勿悔，勿悔！"越二三日，竟不至；视之，已移去矣。乃知即某门生也⑩。

①大家：指八股文名家。　②归、胡：指明代归有光和胡友信，两人皆八股文大家。　③这几句话的意思是：我才领略了一篇时文，还没全部感受到，为什么忽然之间又换了另一个人的？　④咳逆：咳嗽。　⑤作恶：作呕。　⑥领荐：即领乡荐，指中举。　⑦帘中人：指阅卷官。　⑧舛（chuǎn）错：差错。　⑨下气：放屁。　⑩这句话的意思是：才知道余杭生就是使盲僧呕吐下气的那个人的学生。

105

画　马

这个故事让我们不得不想起神笔马良的故事。赵孟頫是清代皇帝极为钟爱的书画家，不知这个故事是否与此有关。而一幅略有残损的马竟然幻化为真，使一位穷苦书生得以富有，大约也是出人意外的吧。

临清①崔生，家婆贫，围垣不修。每晨起。辄见一马卧露草间，黑质白章；惟尾毛不整，似火燎断者。逐去，夜又复来，不知所自至。崔有善友，官于晋②，每欲往就之，而苦无健步，遂捉马施勒，乘之而去。嘱家人曰："倘有寻马者，当如③晋以告。"既就途，马骛驶④，瞬息百里。夜不甚馂⑤刍豆，意其病。次日紧衔不令驰，而马蹄嘶喷沫，健怒如昨。复纵之，午已达晋。时骑于市廛⑥，观者无不称叹。晋王闻之，以重直⑦购之。崔恐为失者所寻，以故不敢售。

居半年，家中无耗，遂以八百金货于晋邸，自乃市健骡以归。后王以急故，遣校尉骑赴临清。马逸⑧，追至崔之东邻，入门，

----

①临清：今山东省临清市。　②晋：即山西省。　③如：到。　④骛（wù）驶：奔驰。　⑤馂刍豆：吃草料。馂，同"啖"，吃。　⑥市廛（chán）：集市。　⑦重直：大价钱。直，通"值"，价格。　⑧逸：逃走。

新编中华文化基础教材·第十四册

不可复见。索诸主人，主人曾姓，实莫之睹。及入其堂，见壁间挂子昂①画马一帧，内一匹毛色浑似，尾处为香炷所烧，始悟：马，画妖也。校尉难复王命，因讼曾。时崔得马资，居积②盈万，自愿以直贷曾③，付校尉而去。曾甚德之，不知其即当年之售主也。

王子安（节录）

作者科举久不成功，希望之余，想必一肚子的怨气，所以这个醉梦中自以为飞黄腾达的王子安，说是作者自己似乎也无不可。而且那位不离不弃的老妻也像极了蒲松龄的妻子刘氏，只有她给了落魄读书人那么点温情。

王子安，东昌④名士，困于场屋。入闱后，期望甚切。近放榜时，痛饮大醉，归卧内室。忽有人白："报马⑤来。"王踉跄起曰："赏钱十千！"家人因其醉，诳而安之曰："但请自睡，已赏之矣。"又移时，一人急入曰："汝殿试翰林，长班⑥在此。"果见二人拜床下，衣冠修洁。王呼赐酒食，家人又绐⑦之，暗笑其醉而已。

久之，王自念不可不出耀乡里⑧，大呼："长班！"凡数十呼，无应者。家人笑曰："暂卧候，寻他去矣。"又久之，长班果复来。王捶床顿足，大骂："钝奴焉往？"长班怒曰："措大⑨无赖！向与尔

---

①子昂：指元代著名书画家赵孟頫，字子昂。　②居积：这里指置产业。　③这句话的意思是：崔生情愿代替曾姓主人支付赔偿金。　④东昌：明清府名，治所在今山东省聊城市，上文的临清市即隶属此地。　⑤报马：为科举成功者报喜讯的人。　⑥长班：明清时官员随身使唤的公役。　⑦绐（dài）：欺骗。　⑧这句话的意思是：王子安心想不能不去乡里街坊去炫耀一番。　⑨措大：对贫寒读书人的蔑称。

戏耳，而真骂耶？"王怒，骤起扑之，落其帽。王亦倾跌。

妻入，扶之曰："何醉至此！"王曰："长班可恶，我故惩之，何醉也？"妻笑曰："家中止有一媪，昼为汝炊，夜为汝温足耳。何处长班，伺汝穷骨？"子女粲然皆笑。王醉亦稍解，忽如梦醒，始知前此之妄。然犹记长班落帽；寻至门后，得一缨帽①如盏大，共异之。自笑曰："昔人为鬼揶揄，吾今为狐②奚落矣。"

新编中华文化基础教材·第十四册

①缨帽：清代的官帽，上披红缨，故称。　②狐：狐鬼。

文史知识

一、蒲松龄与《聊斋志异》

古人一般七十退休，而蒲松龄活了七十六年。他的晚年生活已属小康，但在七十二岁高龄时，依然冒着风雪去青州考贡[1]——这是科举制度对那些一生蹭蹬科场的老童生的一点温情。他在小说里嬉笑怒骂，嘲弄那个让他一辈子为之奋斗却不曾成功的制度，但最终还是义无反顾地去追求这个荣誉。我们无须苛责蒲松龄，在

那个时代，科举兴家是自北宋以来很少中断过的传统，也是那个体制下少有的社会上升通道，因而意义重大。他的一生——从十九岁开始进学，然后南游作幕僚，再担任私塾先生——科举、写作一直贯穿其中。《聊斋志异》之于他，正如同《史记》之于司马迁。而司马迁的"发愤著书"，韩愈的"不平则鸣"，乃至欧阳修的"诗穷而后工"——这种将个体在世间遭受的阻碍化作激情投射到创作中的文学传统，是中国传统文化的重要组成部分，但它多表现在诗歌和散文方面，而较少体现在小说上。蒲松龄就是在这个意义上，开始将自己和这个文学传统接续起来。他在鬼怪的世界里，凭着一枝妙笔，构建了一个属于自己的价值空间。

蒲松龄在世时，《聊斋》就颇受欢迎，留存至今的不少手抄本就是证据。但直到

---

① 考贡：考试生员以备充任贡生。

他去世五十年后，该书才刊刻出版。20世纪50年代初，该书的半部手稿有幸被发现。六十年代，张友鹤先生整理出汇集了各种版本、注释和评论的新本。2000年，任笃行先生又根据新掌握的资料辑校出版了《全校会注集评聊斋志异》。

蒲松龄四十岁那年，小说集初具规模，他为此写了《聊斋自志》一文，文中最后一句话是："知我者，其在青林黑塞间乎！"内心的孤寂和凄凉可见一斑。我们读他的小说，实际上也在读这个人，在他身上既有传统文人的特点，喜好诗文、奋斗科场，最终却以传统观念里的小道——小说名身，这一点也许他已经意识到了，无论他自己怎么看待这个问题，至少后人会为此感到庆幸。

二、文人小说

中国古典小说发展的一个重要现象是，从宋元话本开始，发展出了民间创作或拟民间创作和文人创作两个系统。从六朝志人、志怪小说到唐传奇，一直到清代的拟晋唐小说、《红楼梦》《儒林外史》等属于文人小说这个系列，而宋元以来出现的《三国志通俗演义》《水浒》乃至"三言二拍"之类，属于话本系列。蒲松龄的《聊斋志异》就属于典型的文人小说，全部用文言文写成，读之不难发现作者深厚的古典文学修养，部分文末有模仿"太史公曰"的议论部分，也使我们感受到浓重的文人寄托色彩。因此，尽管《聊斋志异》充满了狐鬼奇幻，甚至也不乏色情的成分，但是总体上呈现出一种克制、理性、反思的特点。

思考与练习

一、阅读选文《画壁》，请你根据小说中描述的场景，展开大胆想象，绘制一幅你心目中的寺院壁画。

二、阅读选文《聂小倩》，请你注意其中的细节，尝试分别站在聂小倩、宁采臣和燕生的角度来重新讲述这个故事，可以把它们写下来，与同学们交流。

三、阅读选文《酒虫》，仿照它写一篇关于烟草的小说，目的是宣传"吸烟有害健康"这一主题，发挥你的想象，看看谁的作品更有影响力。

四、阅读选文《画马》，对于这个故事的主题，有人说是表现赵孟頫所画马的逼真，有人说是体现守信的崔生获得好报，也有人说是对不劳而获的讽刺，你觉得如何？和同学讨论后，谈谈你的理解。